단어로 휘어잡는 발칙한
중국어 회화

Free MP3 다운로드
http://www.samjisa.com

단어로 회어삽는 발칙한
중국어 회화

초판 2쇄 발행 2015년 12월 31일

기획 및 개발	쉬운 중국어 연구회
발행인	이재명
발행처	삼지사
등록번호	제406-2011-000021호
주소	경기도 파주시 산남동 316번지
	Tel. 031) 948-4502,070-4273-4562 Fax. 031) 948-4508
홈페이지	www.samjisa.com

정가 14,000원

이 교재의 내용을 사전 허가없이 전재하거나 복제할 경우 법적인 제재를
받게 됨을 알려드립니다.
잘못된 책은 구입하신 서점에서 교환해 드립니다.

단어로 휘어잡는 발칙한
중국어 회화

Free MP3 다운로드
http://www.samjisa.com

머리말

21세기 중국의 급속한 경제의 성장과 한국과의 문화, 정치, 사회적 교류가 갈수록 활성화되고 있는 요즘 중국어 배우는 사람들이 날로 늘어나고 있습니다. 하지만 중국어를 배우는데 또한 어려운 점들도 많습니다. 그중 가장 어려운 것이 바로 단어외우기입니다. 한자도 있고 발음기호도 있어서 두 번을 외워야 하니... 이러한 중국어 학습자들의 고민을 덜어주기 위해서 본 단어집은 유머적인 그림연상으로 쉽게 외워지도록 도와주기 위해 재미있는 회화장면으로 구성하였습니다.

이 단어집은 중국어 입맛을 돋우게 하는 중국의 예절문화와 수수께끼, 및 일상회화성어가 들어있습니다. 더욱이 중국에 출장 가시는 분, 여행가시는 분들의 유익하고 즐거운 동반자가 되어 드릴 것입니다.

이 단어집이 중국어를 공부하시는 모든 분들의 가장 친한 벗이 되길 바랍니다. 이 단어집을 항상 애용하여 중국어 공부를 열심히 하시길 바라며 첫 시작시의 초심을 잃지 말고 끝까지 부지런히 중국어 단어를 익혀 중국인과의 원활한 의사소통을 하시길 바랍니다. 有志者事竟成! Yǒuzhìzhě shìjìngchéng! 뜻만 있으면 일은 반드시 성취됩니다!

차례

머리말 5
구성 및 활용법 10

Chapter 01　日常对话 일상회화 12

打招呼
星期
早晨
白天
下午
晚上
交通
办公室

标准语及方言 표준어 및 방언

Chapter 02　人们 사람들 50

娃娃、儿童以及大人
家属以及亲戚
职业
人们的性格

Chapter 03　纪念日 기념일 76

春节
元宵节
植树节
儿童节
结婚
情人节

中国的纪念日 중국의 기념일

Chapter 04　运动 스포츠 108

运动
体育运动

Chapter 05　自然和宇宙 자연과 우주 130

风景
乡村
野营
大海
山
季节
沙漠
宇宙

生活在自然的动物 자연에 사는 동물

Chapter 06　大都市 대도시 164

城市
街
交通堵车, 博物馆
游乐园, 水族馆
百货商店
邮局, 银行
剧场, 餐厅
便利商店
医院

Chapter 07　大众传达媒体 대중 전달 매체 194

电视机, 电视节目
言论
电子产品
书

猜谜语 수수께끼 맞히기

Chapter 08　艺术&闲暇 예술&여가 216

艺术
休假
兴趣

Chapter 09 　旅行 여행 238

机场
站
饭店
准备

중국의 예절

Chapter 10 　学校 학교 262

学校
课程

Chapter 11 　健康 & 身体 건강&신체 276

身体活动
疾病与症状
疾病与症状, 人体
饭店
准备

중국성어 알아보기

구성 및 활용법

중국어를 공부한다는 부담을 안고 문장을 읽기 보단 그림을 보며 이런 상황에서 이런 중국어를 쓰는구나 식으로 부담 없이 문장을 읽어 나가보세요. 단 챕터를 넘어가기 전에는 나왔던 문장들은 통째로 외워서 직접 한번 써보세요. 직접 손으로 써내려 가는 것만큼 확실하게 내 것으로 만드는 학습법은 없답니다.

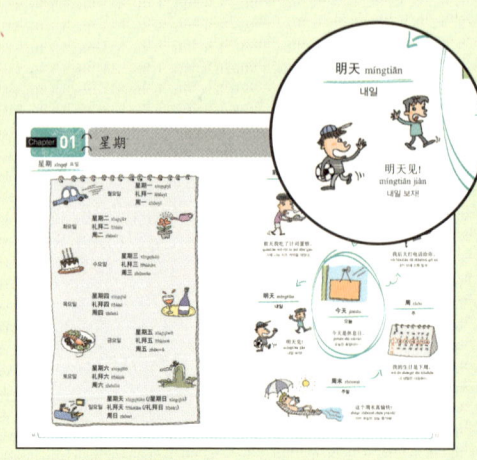

각 문장에서 쓰여진 중요단어는 문장 밑에 뜻과 함께 한번 더 명시 되어있고 그 상황을 표현하는 중국어단어도 나와 있습니다. 이 중국어단어들을 주목해주세요. 모든 문장에서는 그 문장의 핵이라고 할 수 있는 단어가 있습니다.

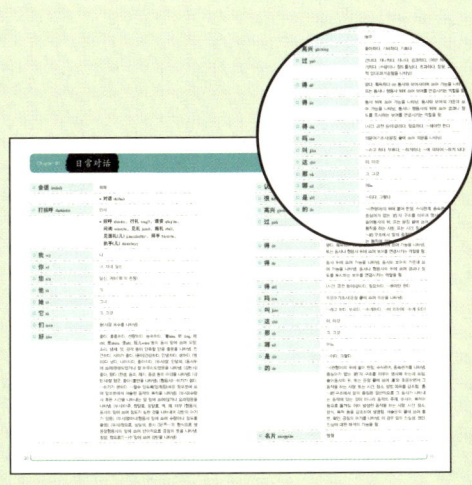

그림과 나오는 문장 파트가 끝나면 그 챕터에 사용되었던 단어들이 순차적으로 정리된 단어리스트가 나옵니다. 사전적의미로 단어를 연구하고 그 단어에 파생되는 여러 의미를 주목 합니다. 한 번 나왔던 단어는 다시는 잊지 않도록 외우되 다시 봐야할 단어는 체크를 해서 나중에라도 돌아 볼 수 있도록 하세요.

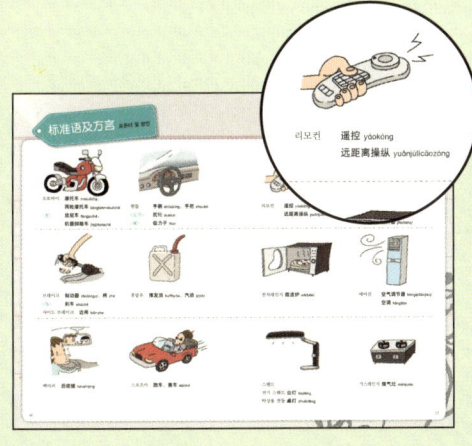

단원 사이에 쉬어가는 코너로 공부만으로는 신경을 쓰기가 어려웠던 중국어문화권에 대한 각양각색의 상식과 여러 가지 주제의 이야기들을 엮어 놓았습니다. 여러분의 지루함도 달래면서 실제 해외에 나갔을 때 도움이 될 만한 좋은 Tip이 될 것입니다.

11

Chapter 01

打招呼
星期
早晨
白天
下午
晚上
交通
办公室

日常对话
rìcháng duìhuà
일상회화

01

Chapter 01 打招呼

日常对话

明天见!
Míngtiān jiàn!
내일 봐!
내일 뵙겠습니다!

再见!
Zàijiàn!
안녕, 안녕히 계세요,
안녕히 가세요!

祝你好运。
Zhù nǐ hǎoyùn.
행운을 빌어요.

谢谢!
Xièxie!
감사합니다!

晚安!
Wǎnān!
안녕히 주무세요, 잘자!

好久不见!
Hǎo jiǔ bú jiàn!
오랜만입니다!

麻烦你了!
Máfan nǐ le!
폐를 끼쳤네요!

没事儿。
Méi shìr.
괜찮아요.

Chapter 01 星期

星期 xīngqī 요일

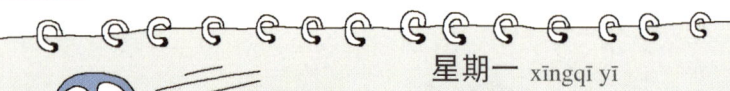

| 월요일 | 星期一 xīngqī yī
礼拜一 lǐbài yī
周一 zhōu yī |

| 화요일 | 星期二 xīngqī èr
礼拜二 lǐbài èr
周二 zhōu èr |

| 수요일 | 星期三 xīngqī sān
礼拜三 lǐbài sān
周三 zhōu sān |

| 목요일 | 星期四 xīngqī sì
礼拜四 lǐbài sì
周四 zhōu sì |

| 금요일 | 星期五 xīngqī wǔ
礼拜五 lǐbài wǔ
周五 zhōu wǔ |

| 토요일 | 星期六 xīngqī liù
礼拜六 lǐbài liù
周六 zhōu liù |

| 일요일 | 星期天 xīngqī tiān (=星期日 xīngqī rì)
礼拜天 lǐbài tiān (=礼拜日 lǐbài rì)
周日 zhōu rì |

日常对话

前天 qiántiān
그제

前天我吃了计司蛋糕。
Qiántiān wǒ chīle jìsī dàngāo.
그제 나는 치즈 케익을 먹었다.

昨天 zuótiān
어제

昨天我给你打过电话。
Zuótiān wǒ gěi nǐ dǎguo diànhuà.
어제 나는 당신에게 전화했었다.

后天 hòutiān
모레

我后天打电话给你。
Wǒ hòutiān dǎ diànhuà gěi nǐ.
내가 모레 전화 할게.

明天 míngtiān
내일

明天见!
Míngtiān jiàn!
내일 보자!

今天 jīntiān
오늘

今天是休息日。
Jīntiān shì xiūxirì.
오늘은 휴일이야.

周 zhōu
주

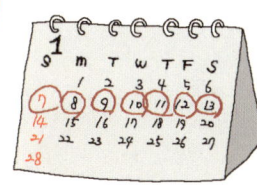

我的生日是下周。
Wǒ de shēngrì shì xiàzhōu.
내 생일은 다음 주야.

周末 zhōumò
주말

这个周末真愉快!
Zhège zhōumò zhēn yúkuài!
이번 주말은 정말 즐거워!

Chapter 01 早晨

早晨 zǎochén 아침

清早 qīngzǎo
이른 아침

我得明天大清早起床。
Wǒ děi míngtiān dàqīngzǎo qǐchuáng.
난 내일 새벽에 일어나야 해.

太阳 tàiyáng
태양

太阳出来了。
Tàiyáng chūlái le.
해가 떴어요.

闹钟 nàozhōng
자명종

闹钟在响。
Nàozhōng zài xiǎng.
자명종이 울리고 있어요.

起床 / 起来 qǐchuáng / qǐlái
일어나다

该起床了!
Gāi qǐchuáng le!
일어날 시간이야!

洗 xǐ
씻다

洗得很干净。
Xǐ de hěn gānjìng.
매우 깨끗하게 씻는다.

穿 chuān
입다

你冷就穿件毛衣吧。
Nǐ lěng jiù chuān jiàn máoyī ba.
추우면 스웨터를 입어요.

早上好! / 早安!
Zǎoshang hǎo! / Zǎo ān!
좋은 아침이에요!

我去上班了。
Wǒ qù shàngbān le.
회사 다녀오겠습니다.

我吃饱了。
Wǒ chībǎo le.
저 배불리 먹었어요.

早饭 zǎofàn
아침 식사

日常对话

早点 zǎodiǎn 아침 식사

米饭 mǐfàn
쌀밥

汤 tāng
탕, 국

泡菜 pàocài
김치

鱼 yú
생선, 물고기

紫菜 zǐcài
김

三明治 sānmíngzhì
샌드위치

沙拉(子) shālā(zi)
샐러드

鸡蛋 jīdàn
계란

水果 shuǐguǒ
과일

橙汁儿 chéngzhīr
오렌지 쥬스

牛奶 niúnǎi
우유

더 알아두기!!!

油条(儿) yóutiáo(r) 여우탸오튀김
面包 miànbāo 빵
包子 bāozi (소가 든) 만두(찐빵)
小米粥 xiǎomǐzhōu 좁쌀죽
玉米粥 yùmǐzhōu 옥수수죽
豆浆 dòujiāng 콩국

麻花(儿) máhuā(r) 꽈배기 튀김
馒头 mántou (소가 없는) 만두(찐빵)
饺子 jiǎozi 교자
大米粥 dàmǐzhōu 쌀죽
绿豆粥 lǜdòuzhōu 녹두죽
咸菜 xiáncài 짠지

Chapter 01 白天

白天 báitiān 낮

午饭时间 wǔfàn shíjiān
점심 시간

午饭从几点开始?
Wǔfàn cóng jǐ diǎn kāishǐ?
점심은 몇 시부터야?

你饿吗? 我很渴。
Nǐ è ma? Wǒ hěn kě.
배가 고프니? 난 목이 말라.

累死我了!
Lèi sǐ wǒ le!
피곤해 죽겠다!

累 lèi
피곤하다, 힘들다

餐厅 cāntīng
饭店 fàndiàn
레스토랑, 식당

看起来很好喝。
Kàn qǐlai hěn hǎohē.
맛있어 보인다.

这家餐厅不错吧?
Zhè jiā cāntīng bú cuò ba?
이 레스토랑 괜찮지요?

自动贩卖机 zìdòngfànmàijī
自卖机 zìmàijī
자동판매기

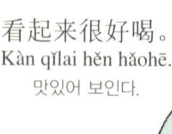

送饭 sòng fàn
식사를 배달하다

给送饭吗?
Gěi sòng fàn ma?
식사배달이 되나요?

饭盒(儿) fànhé(r)
도시락

我忘了带饭盒儿了。
Wǒ wàngle dài fànhér le.
도시락 가지고 오는 것을 깜빡했어.

日常对话

Chapter 01 下午

下午 xiàwǔ 오후

日常对话

Chapter 01 交通

交通 jiāotōng 교통

飞机 fēijī
비행기

火车 huǒchē
기차

地铁 dìtiě
지하철

公共汽车 gōnggòngqìchē
버스

摩托车 mótuōchē
오토바이

自行车 zìxíngchē
자전거

这不是出租汽车。
Zhè bú shì chūzūqìchē.
이건 택시가 아니에요.

到仁川吧。
Dào Eénchuān ba.
인천으로 갑시다.

您到哪儿?
Nín dào nǎr?
어디로 가세요?

给加一下一百块钱的油。
Gěi jiā yíxià yībǎi kuài qián de yóu.
100위안어치 주유해주세요.

好的。
Hǎode.
알겠습니다.

加油站 jiāyóuzhàn
주유소

日常对话

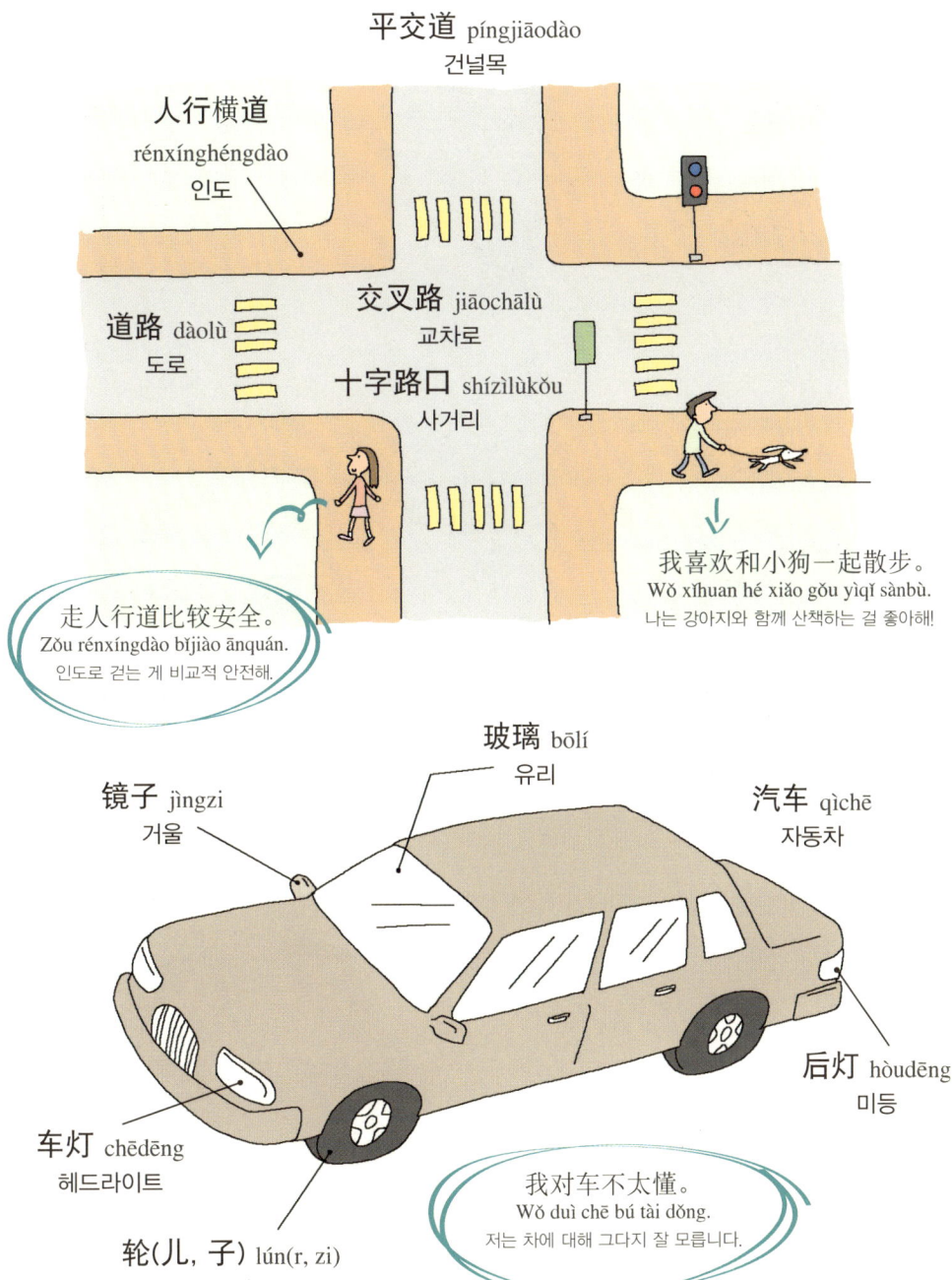

Chapter 01 办公室

办公室 bàngōngshì 사무실

电话 diànhuà
전화

椅子 yǐzi
의자

桌子 zhuōzi
책상

复印机 fùyìnjī
복사기

对不起，我来迟了。
Duìbuqǐ, wǒ láichí le.
죄송합니다. 늦었습니다.

公司职员 gōngsīzhíyuán
회사원

经理 jīnglǐ
사장

请喝咖啡。
Qǐng hē kāfēi.
커피 드십시오.

办公室很宽敞啊!
Bàngōngshì hěn kuānchang a!
사무실이 정말 넓군요!

日常对话

Chapter 01 日常对话

- **会话** huìhuà — 회화 = 对话 duìhuà
- **打招呼** dǎ zhāohu — 인사
  = 招呼 zhāohu, 行礼 xínglǐ, 请安 qǐng'ān, 问询 wènxún, 见礼 jiànlǐ, 施礼 shīlǐ
- **我** wǒ — 나
- **你** nǐ — 너, 자네, 당신
- **您** nín — 당신, 귀하('你'의 존칭)
- **他** tā — 그
- **她** tā — 그녀
- **它** tā — 그, 그것
- **们** men — 들(사람 복수를 나타냄)
- **好** hǎo — 좋다, 훌륭하다, 선량하다, 능숙하다. '看kàn, 听tīng, 吃chī, 受shòu, 使shǐ, 玩儿wánr' 등의 동사 앞에 쓰여 모양, 소리, 냄새, 맛, 감각 등이 만족할 만큼 좋음을 나타냄.
- **认识** rènshi — 알다
- **很** hěn — 매우
- **高兴** gāoxìng — 좋아하다, 기뻐하다, 기쁘다
- **过** guò / guo — 건너다, 지나치다, 경과하다, 넘다, 초과하다, 잘못, 과실, ~한 적 있다
- **得** dé — 얻다, 획득하다
- **得** de — 동사 뒤에 쓰여 가능을 나타냄. 동사와 보어의 가운데 쓰여 가능을 나타냄. 동사나 형용사의 뒤에 쓰여 결과나 정도를 표시하는 보어를 연결하는 역할을 함.
- **得** děi — (시간, 금전 등이) 걸리다, 필요하다, ~해야만 하다
- **吗** ma — 의문어기조사(문장 끝에 쓰여 의문을 나타냄)

☐ 叫 jiào	~라고 하다. 부르다. ~하게 하다. ~에 의하여(~하게 되다)
☐ 这 zhè	이, 이것
☐ 那 nà	그, 그것
☐ 哪 nǎ	어느
☐ 是 shì	~이다. 그렇다
☐ 的 de	(관형어)의 뒤에 붙어 한정, 수식관계, 종속관계를 나타냄. 중심어가 없는 '的'자 구조를 이루어 명사화 하는데 쓰임. 술어동사의 뒤, 또는 문장 끝에 쓰여 '是'와 호응하면서 그 동작을 하는 사람, 또는 시간, 장소, 방법 따위를 강조함.
☐ 名片 míngpiàn	명함
☐ 谢谢 xièxie	감사합니다
☐ 不客气 bú kèqi	천만에요
☐ 别 bié	~하지 마라, 별개의, 다른, 이별하다, 헤어지다
☐ 别客气 bié kèqi	천만에요, 체면 차리지 마세요, 사양하지 마세요
☐ 不用 bú yòng	~할 필요가 없다, 쓰지 않다
☐ 不用客气 bú yòng kèqi	천만에요, 사양하지 마세요
☐ 不要 bú yào	~하지 마라, 필요 없다, 바라지 않다
☐ 不要客气 búyào kèqi	천만에요, 체면 차리지 마세요
☐ 对不起 duìbuqǐ	죄송합니다
☐ 没关系 méi guānxi	괜찮습니다
☐ 请 qǐng	상대방에게 어떤 일을 부탁하거나 권할 때 쓰는 경어. 어서~, ~해주십시오, 부탁하다, 요청하다, 초빙하다. (식사나 파티 따위에) 초대하다. 한턱 내다
☐ 问 wèn	묻다, 질문하다, 책임을 묻다(따지다)
☐ 请问 qǐngwèn	잠깐 여쭙겠습니다. 말 좀 물어봅시다

Chapter 01 日常对话

- 有 yǒu — 가지고 있다(소유), 있다(존재)
- 人 rén — 사람, 다른 사람, 타인, 남
- 喂 wéi / wèi — 여보세요, 어이, 야, 먹이를 주다, 사양하다, (집짐승을) 기르다, 치다
- 再 zài — 재차, 다시, 또
- 见 jiàn — 만나다, 보이다, 눈에 띄다, (햇볕, 바람 따위를) 쐬다, 노출되다, 접촉하다, 마주치다, 만나다, 접견하다, (현상, 상태가)나타나다, 드러나다, 참조하다, ~에 보인다(있다), 나오다, 의견, 견해, 생각, '看', '听', '闻' 등의 동사 뒤에 붙어 무의식적인 감지, 결과 등을 나타냄
- 祝 zhù — 빌다, 축하하다, 축원하다, 축복하다
- 好运 hǎoyùn — 행운
- 好久 hǎojiǔ — 오랫동안, 얼마동안
- 不 bù — 않다, 않는다, 않겠다 (현재, 미래의 부정형, 의지를 표현함)
- 麻烦 máfan — 귀찮다, 성가시다, 번거롭다, 폐를 끼치다, 귀찮게(번거롭게)하다
- 了 le — ~했다, ~되었다 등 (동작의 완료, 상태의 변화를 나타냄)
- 礼拜 lǐbài — 요일

    = 星期 xīngqī

- 前天 qiántiān — 그제
- 昨天 zuótiān — 어제
- 今天 jīntiān — 오늘
- 明天 míngtiān — 내일
- 后天 hòutiān — 모레
- 吃 chī — 먹다
- 计司 jìsī — 치즈

汉堡包 hànbǎobāo	햄버거
打 dǎ	때리다, 치다, 두드리다, 깨뜨리다, 부수다, (전화를) 걸다
电话 diànhuà	전화
休息 xiūxi	휴식(하다), 휴양(하다), 휴업(하다), (기계 따위의) 운전(운행)을 잠시 멈추다
休息日 xiūxirì	휴일
周 zhōu	주
上周 shàng zhōu	지난주
这周 zhè zhōu	이번 주
下周 xià zhōu	다음 주
生日 shēngrì	생일, 생신
周末 zhōumò	주말
上个周末 shàng ge zhōumò	지난 주말
这个周末 zhè ge zhōumò	이번 주말
下个周末 xià ge zhōumò	다음 주말
真 zhēn	정말, 참으로, 사실이다, 진짜다
愉快 yúkuài	기분이 좋다, 기쁘다, 유쾌하다
早 zǎo	이르다, 아침 = 早上 zǎoshang, 晨 chén
清晨 qīngchén	새벽녘, 동틀 무렵, 이른 아침
清早 qīngzǎo	이른 아침, 새벽
早晨 zǎochén	아침, 새벽, 오전
早上 zǎoshang	아침
上午 shàngwǔ	오전

Chapter 01 日常对话

☐ 中午 zhōngwǔ	점심, 정오, 낮 12시 전후	
☐ 下午 xiàwǔ	오후	
☐ 晚上 wǎnshang	저녁, 밤	
☐ 夜晚 yèwǎn	밤, 야간	
☐ 一夜 yíyè	하룻밤	
☐ 半夜 bànyè	한밤중, 심야	
☐ 深夜 shēnyè	심야	
☐ 白天 báitiān	낮	
☐ 黑夜 hēiyè	(캄캄한) 밤, (비유) 어두운 사회	
☐ 起床 qǐchuáng	일어나다, 기상하다	
☐ 出来 chūlai	나오다, 동작이 안에서 밖으로 행해지는 것, 동작이 완성되거나 실현되는 것, 은폐된 것에서 노출되는 것을 나타냄.	
☐ 在 zài	있다, 존재하다(존재), ~에 있다(사람, 사물의 위치를 나타냄), ~하고 있다(진행)	
☐ 响 xiǎng	소리가 나다, 소리를 내다, 울리다, 울림, 소리, 음향	
☐ 起来 qǐlai	일어서다, (잠자리에서) 일어나다, 흥기하다, 분기하다, 떠오르다, 동사 뒤에 붙어 동작이 위로 향함을 나타냄.	
☐ 该~了 gāi~ le	~해야겠다, ~해야 하다, ~의 차례다, ~해야 할 시간이다	
☐ 干净 gānjìng	깨끗하다, 깔끔하다, 하나도 남지 않다	
☐ 冷 lěng	춥다, 차다, 시리다, (주로 음식물을) 식히다, 차게 하다, 냉담하다, 쌀쌀하다, 냉정하다	
☐ 就 jiù	곧, 즉시, 이미, 벌써	
☐ 只要~就能 zhǐyào~jiù néng	~하기만 하면 ~할 수 있다	
☐ 要是~就 yàoshì~jiù	만약 ~하면 ~한다	
☐ 既然~就不 jìrán~jiù bù	~한 이상 ~하지 않겠다	

□ 就是~也 jiùshì~yě	설사 ~이라도, 가령 ~일지라도
□ 穿 chuān	입다, 신다, 뚫다, (동사 뒤에 붙어) 꿰뚫다, 까밝히다
□ 件 jiàn	일, 사건, 옷 등 개체의 사물을 세는 양사, 문서, 문건
□ 毛衣 máoyī	털옷, 스웨터
□ 吧 ba	~합시다, ~하세요, ~하시죠, ~하겠죠(말 끝에 쓰여 상의, 제의, 청구, 명령, 독촉, 추측의 어기를 나타냄)
□ 饭 fàn	밥, 식사
□ 早饭 zǎofàn	아침밥, 아침 식사
□ 午饭 wǔfàn	점심(밥)
□ 晚饭 wǎnfàn	저녁밥, 저녁 식사
□ 饱 bǎo	배부르다
□ 去 qù	가다(목적지가 있음), 동사 뒤에 쓰여 동작이 화자가 있는 곳에서 다른 곳으로 옮겨감, 또는 동작 따위가 계속됨을 나타냄.
□ 走 zǒu	걷다, 걸어가다, 떠나가다
□ 上班 shàngbān	출근하다, 근무하다
□ 时间 shíjiān	시간, 동안
□ 从 cóng	(개사) ~부터(장소, 시간의 출발점을 나타냄), (부사) 지금까지, 여태껏(부정사 앞에 쓰임)
□ 从不 cóng bù	이제까지 ~하지 않았다
□ 从没 cóng méi	여태껏 ~해본 적이 없다
□ 几 jǐ	몇(10이하의 확실치 않은 수를 물을 때 쓰이며, 그 이상의 수를 물을 경우에는 '多少'를 씀)
□ 多少 duōshao	얼마, 몇(흔히 10 이상 수를 묻거나 돈, 전화번호, 방 번호 등을 물을 때 쓰임)

Chapter 01 日常对话

□ 点(儿) diǎn(r)	(액체의) 방울, 작은 얼룩, 반점, 점, 소수점, 조금, 약간, (머리를) 끄덕이다, 액체를 한 방울씩 떨어뜨리다, 하나하나 대조하여 조사하다, 주문하다, 지적하다, 귀띔하다, 불을 붙이다(켜다), 시, (지정된) 시간
□ 开始 kāishǐ	시작하다, 시작되다, 개시하다, 착수하다, 시작, 처음
□ 饿 è	배고프다, 굶기다, 굶주리다
□ 渴 kě	목마르다, 목 타다
□ 死 sǐ	죽다, (생각, 바람 따위를) 그치다, 버리다, ~해 죽겠다, 극도로(죽도록) ~하다, 너무, 지독히, 불구대천의, 철천지의, 막다르다, 막히다
□ 寻死 xúnsǐ	자살을 기도하다
□ 烧死 shāosǐ	타 죽다
□ 淹死 yānsǐ	익사하다
□ 吊死 diàosǐ	목매달아 죽다
□ 家 jiā	가정, 집안, 집, 어떤 전문 학문(활동)에 종사하는 사람, 자기 집안의 윗사람을 남에게 이야기할 때 이르는 말, 가정, 가게, 기업 따위를 세는 단위
□ 不错 bú cuò	맞다, 틀림없다, 옳다, 그렇다, 알맞다, 괜찮다, 좋다
□ 看起来 kàn qǐlai	보면, 보아하니, 보기에
□ 喝 hē	마시다, 술을 마시다, 헤(놀람을 표시함)
□ 喝 hè	크게 외치다, 소리치다
□ 忘 wàng	잊다, 망각하다
□ 带 dài	띠, 벨트, 밴드, 끈, 리본, 테이프, 타이어, 지대, (몸에) 지니다, 휴대하다, 차다, 달다, (~하는) 김에 ~하다, 띠다, 머금다, 인도하다, 이끌다, 통솔하다, 데리다, 돌보다, 보살피다, (~에 ~까지)를 더하다
□ 送 sòng	보내다, 배달하다, 전달하다, 주다, 선물하다, 증정하다, 배웅하다, 바래(다) 주다

给 gěi	주다. 동사 뒤에 쓰여 '주다' '바치다'의 뜻을 나타냄. ~에게, ~를 향하여, ~을(를) 위하여, 대신하여, (~에게) ~토록 하다, (~에게) ~을 당하다
丢 diū	잃다, 잃어버리다, 던지다, 내버리다, 내버려두다, 방치하다
只 zhī	쪽, 짝(쌍을 이루는 물건의 하나를 세는 단위), 마리(동물을 세는 단위), 개(상자, 손목시계, 배, 골(谷) 등을 세는 단위)
只 zhǐ	단지, 다만, 오직, 겨우, 그러나, 다만, 오직(단지) ~밖에 없다, 오직 ~하여야만
狗 gǒu	개, (사람을 욕하는 말로서) 개, 앞잡이
多少 duōshao	얼마, 몇, 얼마(부정(不定)의 수량을 나타냄)
多少 duōshǎo	(수량의) 많고 적음, 분량, 조금, 다소
钱 qián	돈, 화폐, 자금, 기금, 동전, 엽전, 값, 비용, 대금, 돈
块 kuài	덩어리, 조각(덩어리 또는 조각 모양의 물건을 헤아리는 데 씀), 중국의 화폐 단위 元(위안)
哪儿 nǎr	어디, 어느 곳, 반어구에 쓰여 부정을 표시함.
逗 dòu	놀리다, 꾈리다, 희롱하다, 집적거리다, 우습다, 재미있다, 자아내다, 끌다, (우스갯소리로) 웃기다, 머무르다
哈哈 hāhā	하(호)하고 입김을 불다, 하하(웃는 소리)
小心 xiǎoxīn	조심하다, 주의하다, 조심스럽다, 주의 깊다
往 wǎng	가다, (~로) 향하다, 이전의, 옛날의, ~쪽으로, ~(을) 향해
跑 pǎo	달리다, 뛰다, 도망하다, 도주하다, 어떤 일을 위해 뛰어 다니다, 물체가 원래의 위치에서 이탈하다, 벗어나다, 새다, 빠져나가다
现在 xiànzài	지금, 현재, 당장, 바로
天气 tiānqì	일기, 날씨, 시간, 때
酒 jiǔ	술

Chapter 01 日常对话

☐ 幼儿园 yòu'éryuán	유아원, 유치원
☐ 接 jiē	접촉하다, 접하다, 잇다, 연결하다, 받아 쥐다, 받다, 접수하다, 영접하다, 맞이하다, 마중하다, 인수하다, 이어받다, 교대하다
☐ 孩子 háizi	아동, 아이, 자녀, 자식
☐ 一 yī	일, 하나
☐ 二 èr	이, 둘
☐ 三 sān	삼, 셋
☐ 四 sì	사, 넷
☐ 五 wǔ	오, 다섯
☐ 六 liù	륙, 여섯
☐ 七 qī	칠, 일곱
☐ 八 bā	팔, 여덟
☐ 九 jiǔ	구, 아홉
☐ 十 shí	십, 열
☐ 十一 shíyī	십일, 열하나
☐ 十二 shí'èr	십이, 열둘
☐ 二十 èrshí	이십, 스물
☐ 五十 wǔshí	오십, 쉰
☐ 九十九 jiǔshíjiǔ	구십구, 아흔아홉
☐ 百 bǎi	백
☐ 千 qiān	천
☐ 万 wàn	만
☐ 亿 yì	억

☐ 兆 zhào	조
☐ 京 jīng	경
☐ 岁 suì	살, 세(나이를 세는 단위), 해, 세월
☐ 上 shàng	위, 상등의, 상급의. (일부 명사 앞에 쓰여 시간이나 순서에서) 앞의, 먼저(번), 지난(번), (높은 곳이나 탈 것 따위에) 오르다. (어떤 곳으로) 가다. ~에, ~로(방향을 나타냄), 바치다. 드리다. 올리다. (무대에) 등장하다(나오다)
☐ 喜欢 xǐhuan	좋아하다. 호감을 가지다. 마음에 들다. 애호하다. 사랑하다. 즐거워하다. 기뻐하다. 유쾌하다. 즐겁다. 기쁘다
☐ 看 kàn	보다. 구경하다. (눈으로만) 읽다. ~라고 보다(판단하다). ~라고 생각하다(여기다). 방문하다. 찾아가다. 만나러 가다
☐ 看 kān	지키다. 돌보다. 간호하다. 맡아보다. 관리하다. 감시하다. 주시하다
☐ 可以 kěyǐ	~할 수 있다. ~해도 좋다. ~할 가치가 있다. 좋다. 괜찮다. 심하다. 너무하다. 지나치다
☐ 让 ràng	양보하다. 사양하다. 옆으로 피하다. 비키다. ~을(를) 권하다. 안내하다. 넘겨주다. 양도하다. 맡기다
☐ 看见 kànjiàn	보이다. 눈에 띄다
☐ 每天 měi tiān	매일
☐ 那些 nàxiē	그것들(사람이나 사물이 둘 이상임을 지칭함)
☐ 和 hé	조화롭다. 화목하다. 어울리다. 화해하다. ~와, ~과, ~과(와), ~에게
☐ 一点儿 yìdiǎnr	조금(문장 앞머리에 쓰이지 않을 때에는 '一'를 생략할 수 있음). '这么' 또는 '那么'와 함께 쓰여서 극소의 형체 또는 극소의 수량을 나타냄.
☐ 啤酒 píjiǔ	맥주
☐ 玩儿 wánr	놀다. 놀이하다. 장난하다. 업신여기다. 깔보다. 얕보다. 경시하다

Chapter 01 日常对话

☐ 电子游戏 diànzǐ yóuxì	전자오락
☐ 慢 màn	느리다, 늦추다, 미루다, 태도가 쌀쌀하다
☐ 用 yòng	쓰다, 사용하다, 고용(임용)하다, 비용, 쓸모, 용도, 효용, (~하는 것이) 필요하다
☐ 恶 è	악행, 흉악하다, 악하다, 열악하다, 나쁘다, 추(악)하다, 보기 흉하다
☐ 恶心 ěxīn	오심(이 일어나다), 구역질(이 나다), 혐오감을 일으키다
☐ 梦 mèng	꿈, 헛된 생각, 환상, 공상, 꿈꾸다, 공상하다
☐ 做 zuò	제조하다, 만들다, 짓다, (글을) 짓다(쓰다), 하다, 일하다, 종사하다, 활동하다
☐ 到底 dàodǐ	도대체(의문문에 쓰여 어세를 강조함), 마침내, 결국, 아무래도, 역시, 끝까지 ~하다, 최후까지 ~하다
☐ 发生 fāshēng	발생하다, 생기다
☐ 什么 shénme	의문을 나타냄, 무엇, 어떤, 무슨, 어느, 무엇(이나), 무엇(이든지), 아무것(이나), 아무런, 뭐, 무엇이
☐ 事情 shìqing	일, 사건, 업무, 직무, 볼일, 용무, (사물의) 진상, 실정, 사정, 사고
☐ 愿意 yuànyì	~하기를 바라다, 희망하다, 동의하다
☐ 油 yóu	기름, 액체 상태의 조미료, 칠하다(바르다), 미끌미끌하다, 매끄럽다, 교활하다, 빤질빤질하다, 이익, 이득
☐ 加油 jiāyóu	급유하다, 기름을 넣다, 힘을 (더) 내다, 기운을 내다, 힘내라!
☐ 不是 bú shì	~이 아니다, (적당한 시기나 형편이) 아니다
☐ 出租汽车 chūzūqìchē	택시
☐ 计程车 jìchéngchē	(요금 미터가 달린) 택시(주로 대만에서 쓰며 대륙에서는 '出租汽车', 홍콩과 광주에서는 '的士'라고 함.)
☐ 的士 díshì	택시

坐 zuò	앉다. (탈것에) 타다. (솥, 주전자를 불 위에) 올려놓다(얹다). 자리. 좌석
或者 huòzhě	아마. 어쩌면. 혹시 (~인지 모른다). ~(이)거나. ~든지. 혹은. 또는
到 dào	도착하다. 도달하다. ~에 이르다(미치다). (시간, 기간, 날짜가)되다. ~에. ~로. ~까지
仁川 Rénchuān	인천
加 jiā	더하다. 보태다. 증가하다. 늘다. 늘리다. (본래 없던 것을) 붙이다. 달다. 넣다. 첨가하다. (어떤 동작을)(가)하다
一下 yíxià	한번. 1회
比较 bǐjiào	(동사)비교하다. (부사)비교적. (개사) ~에 비해. ~보다(정도나 상태의 차이를 비교하는데 쓰임)
安全 ānquán	안전(하다)
小狗 xiǎo gǒu	강아지. 어리석은 사람. 요놈 새끼. 개새끼(아이를 욕하는 말)
一起 yìqǐ	(명사) 한 곳. 한데. 같은 곳. 한 무리. 한 패. 한 조. (부사) 같이. 더불어. 함께. 합해서. 전부. 모두
散步 sànbù	산보하다
对 duì	대답하다. 대응하다. 향하다. 서로 맞서다. 서로 마주 향하다. 맞은 편(의). 상대(의). 두 개를 맞추다(맞대다). 접촉시키다. 대조하다. 맞대보다. 맞추어 보다. 조절하다. 맞다
太 tài	지나치게. 몹시. 너무. 아주. 매우. 대단히. 극히. 동사나 형용사앞에 쓰여 감탄을 나타냄.
不太 bú tài	그다지 ~하지 않다
懂 dǒng	알다. 이해하다
来 lái	오다. (문제, 사건 따위가) 발생하다. 닥치다. (어떤 동작, 행동을) 하다(구체적인 동사를 대신하여 사용함). '得'나 '不'와 연용하여 장애. 습과. 연습 유무에 관한 가능이나 불가능을 나타냄.

Chapter 01 日常对话

- 迟 chí 느리다, 더디다, 굼뜨다, (머리 회전이) 느리다, 둔하다, 늦다
- 办公室 bàngōngshì 사무실, 오피스
- 宽敞 kuānchang 넓다, 널찍하다
- 啊 a 문장의 끝에 쓰여 감탄, 찬탄 따위의 어세를 도움. 의문의 어기를 나타냄. 명령문과 금지를 나타내는 문장에서는 재촉이나 어떤 일이 당연하다는 기분을 나타냄. 문장 가운데에서 잠시 멈추는 곳에 쓰여, 이하에 서술될 일에 관하여 상대방의 주의를 끔.
- 咖啡 kāfēi 커피나무, 커피
- 早 zǎo 아침, (부사) 일찍이, 오래 전에, 벌써, 이미, 진작 (형용사) (때가) 이르다, 빠르다, 안녕하십니까(아침 인사말)
- 要 yào 중요하다, 요점, 필요하다, 바라다, 원하다, 요구하다, 청구하다, 재촉하다, 부탁하다, (조동사) ~할 것이다, ~하려고 한다, ~하고야 말 것이다(염원이나 굳은 의지를 나타냄)
- 和~一起 hé~yìqǐ 와 ~함께
- 晚餐 wǎncān 저녁 밥, 저녁 식사

지금까지 공부한 내용을 정리해 보세요.

标准语及方言 표준어 및 방언

오토바이   摩托车 mótuōchē
           两轮摩托车 liǎnglúnmótuōchē
〈方〉   放屁车 fàngpìchē
           机器脚踏车 jīqìjiǎotàchē

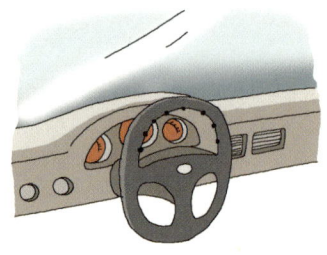

핸들   手柄 shǒubǐng，手把 shoubà
〈北方〉   舵轮 duòlún
〈港〉   极力子 jílìzi

브레이크   制动器 zhìdòngqì，闸 zhá
〈俗〉   刹车 shāchē
사이드 브레이크   边闸 biānzhá

휘발유   挥发油 huīfāyóu，汽油 qìyóu

백미러   后视镜 hòushìjìng

스포츠카   跑车 pǎochē，赛车 sàichē

Chapter 01

리모컨   遥控 yáokòng
         远距离操纵 yuǎnjùlícāozòng

믹서   粉碎机 fěnsuìjī
      绞肉机 jiǎoròujī
      搅拌器 jiǎobànqì

전자레인지   微波炉 wēibōlú

에어컨   空气调节器 kōngqìtiáojiéqì
        空调 kōngtiáo

스탠드
전기 스탠드   台灯 táidēng
탁상용 전등   桌灯 zhuōdēng

가스레인지   煤气灶 méiqìzào

标准语及方言 표준어 및 방언

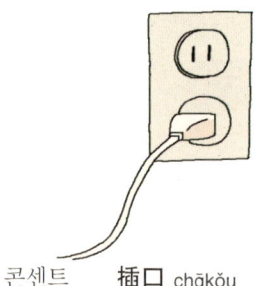

콘센트　插口 chākǒu
　　　　插座 chāzuò

노트북　笔记本电脑 bǐjìběndiànnǎo,
　　　　携带电脑 xiédàidiànnǎo

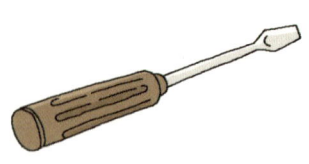

드라이버　改锥 gǎizhuī
　　　　　螺丝刀 luósīdāo
　　　　　螺丝起子 luósīqǐzi

애프터서비스　售后服务 shòuhòufúwù
　　　　　　 销后服务 xiāohòufúwù
　　　　　　 保修 bǎoxiū

와이셔츠　衬衫 chènshān
〈方〉　　 汗衫 hànshān
　　　　　硬汗衫 yìnghànshān

아이쇼핑하다　逛街 guàngjiē
　　　　　　　逛商店 guàng shāngdiàn

Chapter 01

노트/공책　笔记本 bǐjìběn，本子 běnzi
　　　　　本儿 běnr，簿子 bùzi

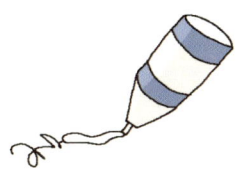

화이트　　修正夜 xiūzhèngyè
　　　　　修正带 xiūzhèngdài

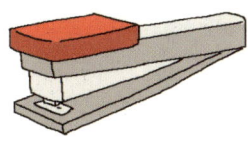

호치키스　订书机 dìngshūjī

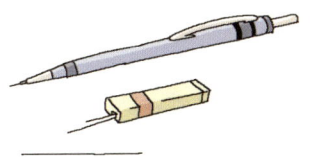

연필　　　铅笔 qiānbǐ
샤프펜슬　自动铅笔 zìdòngqiānbǐ，
　　　　　活动铅笔 huódòngqiānbǐ

컨닝하다　抄写 chāoxiě，
　　　　　拉大本儿 lādàběnr
시험에서 부정행위를 하다
　　　　　考试作弊 kǎoshìzuòbì

매직펜　　魔术笔 móshùbǐ

标准语及方言 표준어 및 방언

인원을 정리하다(줄이다), 감원하다
裁员 cáiyuán
(기구, 인원, 무기 따위를) 줄이다 裁减 cáijiǎn

(노동조합, 학생회 따위의) 결사단체, 동아리
社团 shètuán, 小组 xiǎozǔ, 伙 huǒ
같은 당파, 한 동아리 同党 tóngdǎng

미팅　聚会 jùhuì, 会合 huìhé,
　　　相会 xiānghuì, 会见 huìjiàn

아르바이트　小时工 xiǎoshígōng
　　　　　　散工 sǎngōng
　　　　　　打工 dǎgōng

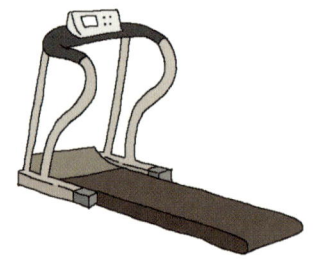

헬스　　　运动 yùndòng
　　　　　健身 jiànshēn
헬스클럽　健康中心 jiànkāng zhōngxīn

체육관, 체육실　体育馆 tǐyùguǎn
　　　　　　　健身房 jiànshēnfáng

Chapter 01

탤런트　电视演员 diànshìyǎnyuán
　　　　 电视剧演员 diànshìjùyǎnyuán
　　　　 荧星 yíngxīng

사인하다　签署 qiānshǔ,
　　　　　具名 jùmíng, 题名 tímíng
공동 서명하다　会签 huìqiān

썬탠크림　防晒霜 fángshàishuāng
자외선 차단 오일, 선탠 오일
太阳油 tàiyángyóu, 防晒油 fángshàiyóu

개그맨　笑星 xiàoxīng
코미디언　喜剧演员 xǐjù yǎnyuán
만담가　相声演员 xiàngsheng yǎnyuán

클랙슨　喇叭 lǎba, 警笛(儿) jǐngdí(r)

핫도그　热狗 règǒu
　　　　红肠面包 hóngcháng miànbāo
　　　　腊肠面包 làcháng miànbāo

Chapter 02

娃娃、儿童以及大人
家属以及亲戚
职业
人们的性格

人们
rénmen
사람들

02

Chapter 02 娃娃、儿童以及大人

娃娃、儿童以及大人 wáwa、értóng yǐjí dàrén 아기, 어린이 그리고 어른

奶瓶 nǎipíng
젖병

断奶食 duànnǎishí
이유식

别哭, 我给你唱催眠曲好吗?
Bié kū, wǒ gěi nǐ chàng cuīmiánqǔ hǎo ma?
울지마. 자장가 불러줄까?

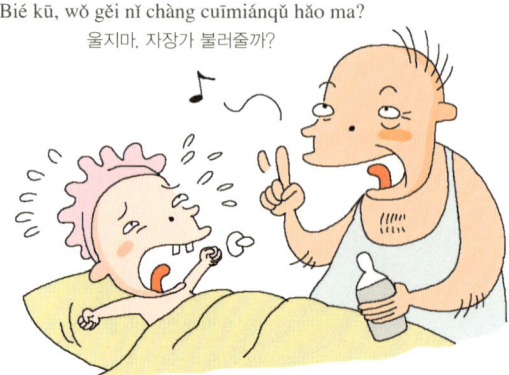

催眠曲 cuīmiánqǔ
자장가

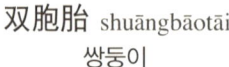

双胞胎 shuāngbāotāi
쌍둥이

因为他们是双胞胎所以长得一模一样。
Yīnwèi tāmen shì shuāngbāotāi suǒyǐ zhǎng de yìmóyíyàng.
그들은 쌍둥이기 때문에 똑같이 생겼어요.

爬 pá
기다, 기어가다

你看(kan), 他会爬了!
Nǐ kàn(kan), tā huì pá le!
봐봐, 그가 기어가고 있어!

(小)娃娃 (xiǎo) wáwa
아기

尿布 niàobù
기저귀

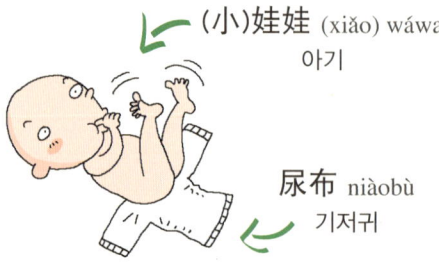

该换尿布了!
Gāi huàn niàobù le!
기저귀 갈 시간이에요!

童装 tóngzhuāng
아동복

这些童装太可爱了!
Zhèxiē tóngzhuāng tài kě'ài le!
이 아기옷들은 너무 귀엽네요.

少年 shàonián
소년

少女 shàonǚ
소녀

我们是朋友。
Wǒmen shì péngyou.
우린 친구입니다.

男子 nánzǐ
남자

我们是情人。
Wǒmen shì qíngrén.
우린 연인입니다.

女子 nǚzǐ
여자

小学生 xiǎoxuéshēng
초등학생

我自己可以去学校。
Wǒ zìjǐ kěyǐ qù xuéxiào.
저 혼자 스스로 학교에 갈 수 있어요.

中学生 zhōngxuéshēng
중학생

我再不是小学生了!
Wǒ zài bú shì xiǎoxuéshēng le!
전 더 이상 초등학생이 아니라고요!

高中生 gāozhōngshēng
고등학생

做完作业了。
Zuòwán zuòyè le.
숙제 다 했어요.

大学生 dàxuéshēng
대학생

我没有玩儿的时间。
Wǒ méiyǒu wánr de shíjiān.
전 놀 시간이 없어요.

青年 qīngnián
청년

五月四号是青年节。
Wǔ yuè sì hào shì Qīngnián Jié.
5월 4일은 청년절이다.

中年 zhōngnián
중년

他每天操劳。
Tā měi tiān cāoláo.
그는 매일 열심히 일합니다.

老人 lǎorén
노인

我得休息一会儿。
Wǒ děi xiūxi yíhuìr.
좀 쉬어야겠어!

Chapter 02 家属以及亲戚

家属以及亲戚 jiāshǔ yǐjí qīnqī 가족 그리고 친척

爸爸 bàba
아버지

妈妈 māma
어머니

你要好好儿听爸妈的话。
Nǐ yào hǎohāor tīng bà mā de huà.
부모님 말씀을 잘 들으렴.

爷爷 yéye
할아버지

奶奶 nǎinai
할머니

我爱爷爷、奶奶。
Wǒ ài yéye、nǎinai.
나는 조부모님을 사랑합니다.

哥(哥) gē(ge)
오빠, 형

哥, 你能帮我写作业吗?
Gē, nǐ néng bāng wǒ xiě zuòyè ma?
오빠, 숙제 하는데 도와줄 수 있어?

妹妹 mèimei
여동생

妹妹比姐姐长得更漂亮!
Mèimei bǐ jiějie zhǎng de gèng piàoliang!
여동생은 언니보다 생김새가 더 예쁘다!

姐, 我想吃冰激凌!
Jiě, wǒ xiǎng chī bīngjīlíng!
누나, 아이스크림 먹고 싶어!

姐姐 jiějie
누나, 언니

我是弟弟, 你应该让步!
Wǒ shì dìdi, nǐ yīnggāi ràngbù!
내가 동생이잖아, 형이 양보해야지!

弟弟 dìdi
남동생

叔叔 shūshu
삼촌

就叫我叔叔吧。
Jiù jiào wǒ shūshu ba.
삼촌이라 불러다오.

姑(姑) gū(gu)
고모

我有五位姑姑。
Wǒ yǒu wǔ wèi gūgu.
난 고모가 다섯 명이야.

姨 yí
이모

我是你二姨!
Wǒ shì nǐ èr yí!
난 너의 둘째 이모야!

我们很相爱。
Wǒmen hěn xiāngài.
우린 서로 사랑해요.

丈夫 zhàngfu
남편

妻子 qīzi
아내

 人们

外国人 wàiguórén 외국인

韩国人 Hánguórén
한국인

我很会跆拳道。
Wǒ hěn huì táiquándào.
전 태권도를 잘합니다.

日本人 Rìběnrén
일본인

我是日本武士。
Wǒ shì Rìběn wǔshì.
저는 사무라이입니다.

美国人 Měiguórén
미국인

你喜欢看牛仔片吗?
Nǐ xǐhuan kàn niúzǎipiàn ma?
당신은 카우보이 영화를 좋아합니까?

中国人 Zhōngguórén
중국인

我给你看太极拳!
Wǒ gěi nǐ kàn tàijíquán!
당신에게 태극권을 보여줄게요!

德国人 Déguórén
독일인

音乐是我的人生!
Yīnyuè shì wǒ de rénshēng!
음악은 제 인생이죠!

英国人 Yīngguórén
영국인

女士们, 先生们, 请稍等。
Nǚshìmen, xiānshengmen, qǐng shāo děng.
신사 숙녀 여러분, 잠시만 기다려 주십시오.

法国人 Fǎguórén
프랑스인

你很漂亮!
Nǐ hěn piàoliang!
당신은 아름답군요!

非洲人 Fēizhōurén
아프리카인

要不要和我一起去打猎?
Yào bu yào hé wǒ yìqǐ qù dǎliè?
저와 함께 사냥하러 가실래요?

Chapter 02 职业

职业 zhíyè 직업

希望你留在我身边。
Xīwàng nǐ liúzài wǒ shēnbiān.
난 당신이 내 옆에 남기를 원해요.

他的下一个安排是什么?
Tā de xià yí ge ānpái shì shénme?
그의 다음 스케줄이 뭐지?

歌手 gēshǒu
가수

管理 guǎnlǐ
매니저

很安全。
Hěn ānquán.
안전하군.

警卫员 jǐngwèiyuán
경호원

技师 jìshī
기술자

我担任舞台灯光。
Wǒ dānrèn wǔtái dēngguāng.
난 무대조명을 맡고 있어.

有罪还是无罪…
Yǒu zuì háishi wúzuì…
유죄냐 무죄냐…

审判员 shěnpànyuán
审判官 shěnpànguān
판사

这个是我发明的!
Zhège shì wǒ fāmíng de!
내가 이것을 발명했어요!

发明家 fāmíngjiā
발명가

人们

教授 jiàoshòu
교수

大家都同意吗?
Dàjiā dōu tóngyì ma?
모두 다 동의하는가?

学者 xuézhě
학자

这个很新奇!
Zhège hěn xīnqí!
이건 매우 신기하군!

护士 hùshi
간호사

这是艺术!
Zhè shì yìshù!
이건 예술이야!

艺术家 yìshùjiā
예술가

医生 yīshēng
의사

会计师 kuàijìshī
회계사

我们能治好您的病。
Wǒmen néng zhìhǎo nín de bìng.
우리가 당신을 치료할 수 있습니다.

真无聊。
Zhēn wúliáo.
지루하군.

木匠 mùjiang
목수

盖房子。
Gài fángzi.
집을 짓습니다.

律师 lǜshī
변호사

希望能帮我收回我的钱。
Xīwàng néng bāng wǒ shōuhuí wǒ de qián.
제 돈을 돌려받길 원해요.

Chapter 02 职业

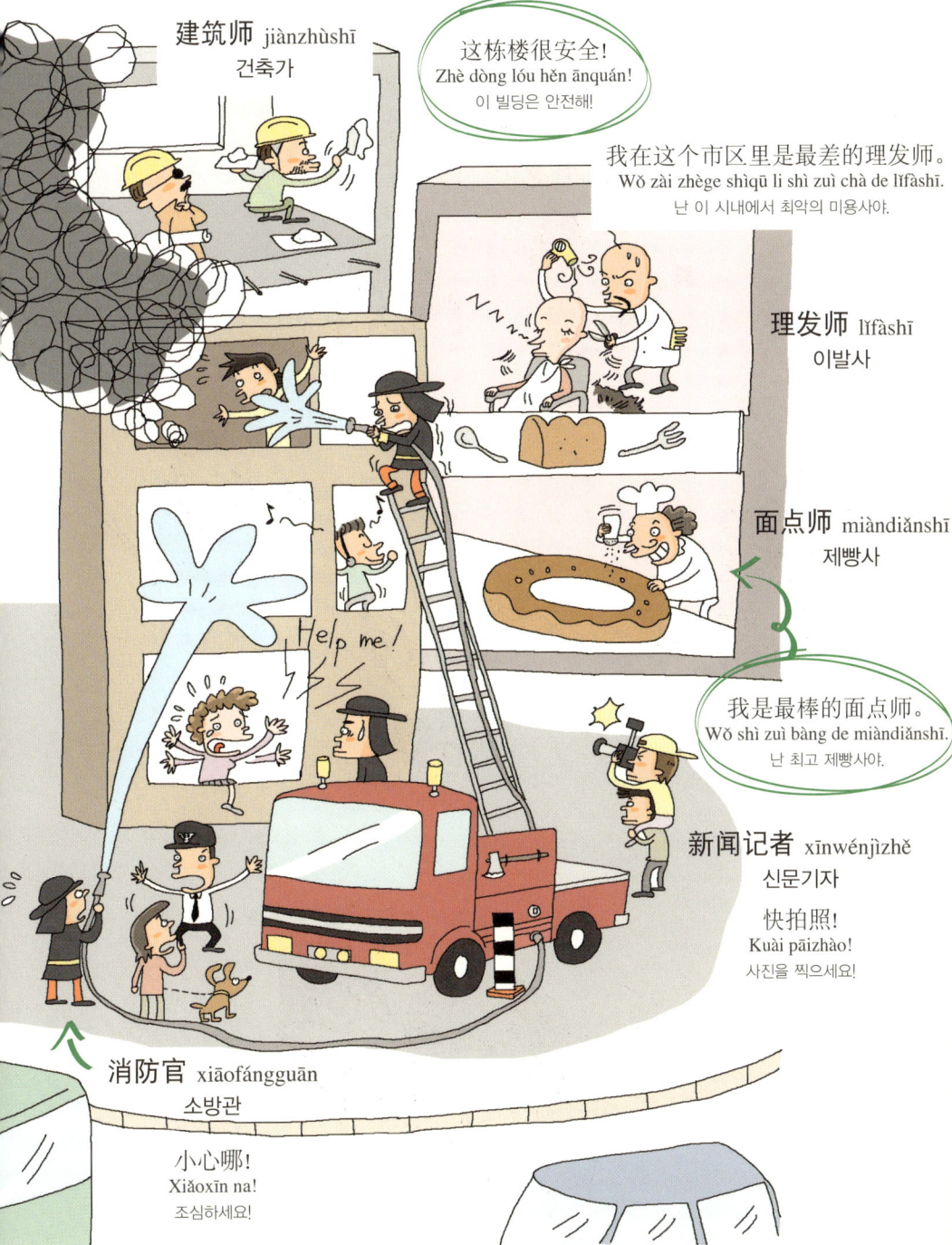

Chapter 02 职业

对不起…
Duìbuqǐ…
미안해요…

我太相信你了!
Wǒ tài xiāngxìn nǐ le!
난 당신을 너무 믿었어요!

男演员 nányǎnyuán
남자배우

女演员 nǚyǎnyuán
여자배우

他今天气色很好。
Tā jīntiān qìsè hěn hǎo.
그는 오늘 컨디션이 좋다.

协调者 xiétiáozhě
코디네이터

监督 jiāndū
감독

摄影师 shèyǐngshī
카메라맨, 촬영기사

这个摄影机角度很好。
Zhège shèyǐngjī jiǎodù hěn hǎo.
이 카메라 앵글이 좋군.

我可以相信您吗?
Wǒ kěyǐ xiāngxìn nín ma?
당신을 믿을 수 있는 거죠?

向我说实话吧。
Xiàng wǒ shuō shíhuà ba.
나에게 솔직하게 털어놓으세요.

心理学家 xīnlǐxuéjiā
심리학자

人们

宗教人 zōngjiàorén 종교인

牧师 mùshī
목사

信天父吗?
Xìn tiānfù ma?
하나님을 믿으십니까?

教皇 jiàohuáng
교황

诸位, 要有信仰!
Xhūwèi, yào yǒu xìnyǎng!
여러분, 믿음을 가져야 합니다!

预言者 yùyánzhě
예언자

那件事会发生的。
Nà jiàn shì huì fāshēng de.
그 일은 일어날 것입니다.

修道士 xiūdàoshì
수도사

修女 xiūnǚ
수녀

主教 zhǔjiào
주교

我经常念圣经。
Wǒ jīngcháng niàn shèngjīng.
저는 항상 성경을 읽습니다.

天父与你同在。
Tiānfù yǔ nǐ tóngzài.
하나님은 당신과 함께 합니다.

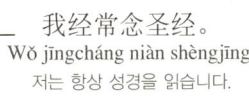

宗教讲演 zōngjiào jiǎngyǎn
종교 토론

巡礼者 xúnlǐzhě
순례자

这条路很远。
Zhè tiáo lù hěn yuǎn.
이 길은 먼 길이군.

神父 shénfù
신부

神学者 shénxuézhě
신학자

和尚 héshang
스님

时常忍耐一下。
Shícháng rěnnài yíxià.
항상 인내하세요.

Chapter 02 人们的性格

人们的性格 rénmen de xìnggé 사람들의 성격

咱们得实话实说。
Zánmen děi shíhuàshíshuō.
우린 진실을 고백해야만 해.

咱们不用说。
Zánmen bú yòng shuō.
우린 말할 필요가 없어.

正直的人 zhèngzhí de rén
정직한 사람

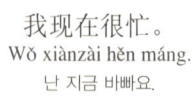

我现在很忙。
Wǒ xiànzài hěn máng.
난 지금 바빠요.

急性子 jíxìngzi
성급한 사람

亲切的人 qīnqiè de rén
친절한 사람

我来帮您。
Wǒ lái bāng nín.
제가 도와드리겠습니다.

谢谢你, 年轻人!
Xièxie nǐ, niánqīngrén!
고마워, 젊은이!

太吵了!
Rài chǎo le!
너무 시끄러워!

我没出声啊!
Wǒ méi chūshēng a!
난 아무 소리도 안 내고 있어!

敏感的人 mǐngǎn de rén
예민한 사람

人们

活泼的人 huópo de rén
활발한 사람

邪恶的人 xié'è de rén
사악한 사람

你是不爱说话的人，是吧?
Nǐ shì bú ài shuōhuà de rén, shì ba?
말이 없는 사람이군요. 그렇죠?

整脸子 zhěngliǎnzi
무뚝뚝한 사람

这是赢、输的问题!
Zhè shì yíng、shū de wèntí!
이건 이기느냐 지느냐의 문제야!

竞争的人 jìngzhēng de rén
경쟁적인 사람

聪明的人 cōngmíng de rén
영리한 사람

Chapter 02　人们

☐ 哭 kū	울다
☐ 唱 chàng	노래하다, 크게 외치다
☐ 催眠曲 cuīmiánqǔ	자장가
	= 摇篮曲 yáolánqǔ, 摇篮歌 yáolángē
☐ 因为 yīnwèi	~에 의하여, ~때문에, 왜냐하면(~때문이다)
☐ 双胞胎 shuāngbāotāi	쌍둥이
	= 双胎儿 shuāngtāir, 孪生 luánshēng, 双生 shuāngshēng
☐ 所以 suǒyǐ	그래서, 그런 까닭에, ~한 이유는, ~한 까닭은
☐ 长 zhǎng	성장하다, 생장하다, 자라다, 나이가 많다, 연상이다, (정부 기관이나 단체 따위 부문의) 책임자, 증가하다, 증진하다
☐ 长 cháng	길다, 길이, 장점, 특기, 뛰어나다, 잘하다, 장기간, 장시간
☐ 一模一样 yìmúyíyàng	같은 모양 같은 모습이다, 모양이 완전히 같다(닮았다)
☐ 会 huì	만나다, 모이다, 회, 모임, 집회, 회합, 단체, 조직, 반드시 ~할 것이다, 능숙하다, 잘 알다(하다), (배워서) ~할 수 있다, ~할 줄 알다, ~을 잘하다, ~에 뛰어나다(능하다), ~할 가능성이 있다, ~할 것이다(가능이나 실현을 나타냄)
☐ 尿布 niàobù	기저귀
	= 衬尿布 chènniàobù
☐ 些 xiē	조금, 약간, 몇 (확정적이 아닌 적은 수량을 나타냄), '好', '这么', '那么'와 결합하여 수량이 많음을 나타냄, 조금, 얼마쯤(형용사 뒤에 놓여서 약간의 뜻을 나타냄)
☐ 可爱 kě'ài	사랑스럽다, 귀엽다
☐ 少女 shàonǚ	소녀
	= 女孩儿 nǚháir, 小姑娘 xiǎogūniang
☐ 我们 wǒmen	우리(들)
☐ 朋友 péngyou	친구, 벗, 애인, 연인, 자기편, 아군

□ 男 nán	남자
	= 男子 nánzǐ, 男性 nánxìng
□ 情人(儿) qíngrén(r)	연인
	= 情侣 qínglǚ 〈홍콩방언〉拖友 tuōyǒu, 意中人 yìzhōngrén, 眼中人 yǎnzhōngrén
□ 自己 zìjǐ	자기, 자신, 스스로, 저절로
□ 学校 xuéxiào	학교
□ 中学生 zhōngxuéshēng	중고등학생
□ 完 wán	완성하다, 끝마치다, 다하다, 없어지다, 다 떨어지다, 완결되다, 끝나다(주로 '了'를 동반하여 보어로 쓰임)
□ 没有 méiyǒu	없다, 가지고 (갖추고) 있지 않다(소유의 부정을 나타냄), 없다(존재의 부정을 나타냄, 시간, 장소를 표시하는 말은 앞에, 의미상의 주어는 뒤에 옴)
□ 月 yuè	달, 월
□ 号 hào	이름, 명칭, (사람의) 호, 표시, 신호, 부호, (차례, 순번을 표시하는) 번호, 사이즈, 등급의 표시, (숫자의 뒤에 쓰여) 배열의 순서를 표시함.
□ 青年节 Qīngnián Jié	청년절
□ 操劳 cāoláo	애써(열심히) 일하다, 노고하다, (신경을 써서) 일을 처리하다, 보살피다, 심려하다
□ 老人(儿) lǎorén(r)	노인
	= 老年(人) lǎonián(rén), 老的 lǎode, 老头儿 lǎotóur
□ 一会儿 yíhuìr	잠시, 잠깐 동안, 짧은 시간, 곧, 잠깐 사이에, 두 개의 반의어 앞에 거듭쓰여 두 가지의 상황이 바뀌어 나타나는 것을 나타냄.
□ 父亲 fùqīn	아버지
	= 爹爹 diēdie, 之父 zhīfù, 爸爸 bàba

Chapter 02 人们

- 娘 niáng   어머니

  = 母亲 mǔqīn, 妈 mā, 家母 jiāmǔ, 妈妈 māma

- 大娘 dàniáng   아주머니

  = 伯母 bómǔ

- 爸妈 bà mā   부모

  = 父母 fùmǔ, 两亲 liǎngqīn, 双亲 shuāngqīn,
  爷娘 yéniáng, 爹妈 diēmā,
  〈방언〉娘老子 niánglǎozi, 老家儿 lǎojiār, 二老 èrlǎo,
  二亲 èrqīn

- 好好儿 hǎohāor   좋다. 성하다. 괜찮다. 훌륭하다. 무사하다. 멀쩡하다. 잘. 충분히. 마음껏. 힘껏. 정성껏

- 听 tīng   듣다. (남의 의견, 권고 따위를) 듣다. 받아들이다. 따르다. 복종하다

- 话 huà   말. 이야기. 말하다. 이야기하다

- 爷爷 yéye   할아버지

  = 祖父 zǔfù, 大爷 dàyé, 大父 dàfù, 老爷爷 lǎoyéye,
  老大爷 lǎodàyé,
  〈방언〉公公 gōnggong, 爹爹 diēdie, 阿公 āgōng,
  老公公 lǎogōnggong

- 奶奶 nǎinai   할머니

  = 祖母 zǔmǔ, 太太 tàitai, 老太婆 lǎotàipó,
  老婆儿 lǎopór, 老大娘 lǎodàniang

- 能 néng   인재. 재능 있는 사람. 에너지. 유능하다. 능하다. ~할 수 있다. ~할 힘이 있다. ~할 줄 알다(능력을 표시함). ~될 수 있다. ~것 같다. ~할 가능성이 있다. ~일 수 있다(가능성을 표시함). 응당 ~해야 한다(당연을 표시하며, 주로 '不'를 앞에 붙여 '~해서는 안 된다'의 의미로 사용됨)

- 帮 bāng   돕다. 거들어주다

□ 写 xiě	글씨를 쓰다. 글을 짓다. 묘사하다
□ 比 bǐ	비교하다. 겨루다. 손짓을 해서 설명하다. 비, 비율(경기 점수의)대(비), 대하다, 향하다, ~에 비하여, ~보다(정도의 차이를 비교할 때 사용됨)
□ 更 gèng	더욱, 일층 더
□ 更 gēng	바꾸다. 고치다. 경(일몰부터 일출까지를 2시간씩 5등분하여 일컫는 시간의 이름)
□ 姐姐 jiějie	누나, 언니
	= 姐 jiě, 大姐 dàjiě, 老大姐 lǎodàjiě
□ 想 xiǎng	생각하다, 보고싶다, 그립다, 추측하다, 예상하다, ~일 것이라고 여기다, 바라다, ~하고싶다, ~하려하다
□ 冰激凌 bīngjīlíng	아이스크림
	= 冰棍儿 bīnggùnr, 冰糕 bīnggāo, 冰淇淋 bīngqílín 雪糕 xuěgāo
□ 应该 yīnggāi	마땅히~해야 한다, (~하는 것이) 마땅하다, 응당(당연히) ~할 것이다. 긍정과 부정을 연용시 '应不应该'이 됨.
□ 让步 ràngbù	양보(하다)
□ 伯父 bófù	큰아버지, 백부, 아저씨
	= 伯伯 bóbo, 叔父 shūfù, 叔叔 shūshu
□ 大叔 dàshū	큰숙부, 큰삼촌, 아저씨
□ 大舅 dàjiù	큰외숙, 큰외삼촌
□ 姨母 yímǔ	이모
	= 姨妈 yímā, 阿姨 āyí, 〈방언〉 姨娘 yíniáng
□ 姑母 gūmǔ	고모
	= 姑妈 gūmā 〈방언〉 姑娘 gūniáng

Chapter 02 人们

- 先生 xiānsheng — 남편
  = 丈夫 zhàngfu, 爱人 àirén, 老公 lǎogōng
- 太太 tàitai — 아내
  = 妻子 qīzi, 老婆 lǎopo
- 太太 tàitai — 부인. 귀부인
  = 大嫂子 dàsǎozi, 女士 nǚshì, 夫人 fūren, 〈방언〉 老娘 lǎoniáng
- 相爱 xiāngài — 서로 사랑하다
- 跆拳道 táiquándào — 태권도
- 日本武士 Rìběn wǔshì — 사무라이
- 牛仔片 niúzǎipiàn — 카우보이 영화
- 太极拳 tàijíquán — 태극권
- 音乐 yīnyuè — 음악
- 人生 rénshēng — 인생
- 女士们 nǚshìmen — 숙녀 여러분
- 先生们 xiānshengmen — 신사 여러분
- 稍 shāo — 약간, 좀, 조금, 잠시, 잠깐
- 等 děng — 등급, 종류, (정도 또는 수량이) 대등하다, 같다, 기다리다, (~할 때까지) 기다리다(시간이나 조건을 나타냄), 등, 따위
- 打猎 dǎliè — 사냥하다
- 歌星 gēxīng — 가수
  = 歌手 gēshǒu
- 希望 xīwàng — 희망하다, 희망, 희망의 대상

☐ 留 liú	머무르다, 묵다, 체재하다, 머무르게 하다, 만류하다, 묵게 하다
☐ 身旁 shēnpáng	신변, 몸 가까이
☐ 经理 jīnglǐ	기업의 책임자, 지배인, 사장, 매니저, 경영관리하다, 경영처리하다
☐ 管理 guǎnlǐ	관리(하다), 관할(하다), 감독, 매니저
☐ 总管 zǒngguǎn	총관리인, 총지배인
☐ 星妈 xīngmā	여성 스타의 여성 매니저
☐ 下一个 xià yí ge	다음
☐ 安排 ānpái	스케줄
	= 日程 rìchéng, 时间表 shíjiānbiǎo
☐ 警卫(员) jǐngwèi(yuán)	경호원
	= 卫士 wèishì, 保镖 bǎobiāo
☐ 技师 jìshī	기술자
	= 技工 jìgōng
☐ 担任 dānrèn	맡다, 담임하다, 담당하다
☐ 舞台 wǔtái	무대
☐ 灯光 dēngguāng	불빛, 조명
☐ 有罪 yǒuzuì	유죄(이다), 미안합니다, 죄송합니다
☐ 还是 háishi	아직도, 여전히, ~하는 편이 더 좋다, 또는, 아니면(의문문에 쓰여 선택을 나타냄).
☐ 无罪 wúzuì	무죄, 죄가 없다
☐ 这个 zhège	이, 이것
☐ 发明 fāmíng	발명(하다)

Chapter 02 人们

- 大家 dàjiā — 대가, 권위자, 대갓집, 명문, 명가, 모두(일정한 범위 내의 모든 사람을 가리킴)
- 都 dōu — 모두, 다, 이미, 벌써, (그럼에도 불구하고) 아직
- 同意 tóngyì — 동의(하다), 승인(하다), 찬성(하다)
- 新奇 xīnqí — 신기하다, 새롭다, 불가사의하다
- 艺术 yìshù — 예술, 기능, 기술, 예술적이다, 미적이다
- 治好 zhìhǎo — 치료하여 낫다, 완치하다
- 病 bìng — 병
- 无聊 wúliáo — 지루하다
  = 漫长 màncháng, 没意思 méiyìsi
- 收回 shōuhuí — 회수하다, 몰수하다, 거둬들이다, 되찾다, (의견, 제의, 명령 따위를) 취소하다, 철회하다, 무효로 하다
- 木工 mùgōng — 목수
  = 木匠 mùjiang, 木把儿 mùbǎr
- 盖 gài — 덮개, 뚜껑, 동물의 등 껍질, 덮개 형태의 물건, 덮다, 씌우다, 도장을 찍다, 가리다, 감추다, 집을 짓다
- 房子 fángzi — 집, 건물
- 昨晚 zuówǎn — 어제 저녁
- 睡着 shuìzháo — 잠들다, 잠이 들다
- 觉 jiào — 잠, 수면
- 觉 jué — 감각, 느낌, 느끼다
- 不许 bù xǔ — 불허하다, ~해서는 안 된다
- 动 dòng — 움직이다, 행동하다, (사람이) 움직이다, (사물의 원래의 위치나 모양을) 바꾸다

□ 售货员 shòuhuòyuán	판매원
	= 推销员 tuīxiāoyuán, 营业员 yíngyèyuán
□ 大夫 dàifu	의사
	= 医生 yīshēng, 医师 yīshī
□ 牙科 yákē	치과
□ 可怕 kěpà	두렵다, 무섭다, 두려워할만하다, 끔찍하다
□ 出租车 chūzūchē	택시
□ 司机 sījī	운전기사, 기관사, 조종사
□ 开车 kāichē	차를 몰다(운전하다), 발차하다, 기계를 시동하다
□ 栋 dòng	마룻대, 동, 채(집채를 세는 말)
□ 楼 lóu	층집, 다층건물, 층
□ 市区 shìqū	시내지역, 시가지역
□ 里 lǐ	(~儿) (옷, 이불, 모자, 신발 따위의) 속, 안, (종이나 베의) 거친 면
□ 里 li	안, 속, 가운데, 내부(명사 뒤에 붙어 일정한 공간, 시간, 범위를 나타냄), '这', '那', '哪' 등의 뒤에 붙어 장소를 나타냄
□ 最 zuì	가장, 제일, 아주, 매우, 최고, 으뜸
□ 差 chà	다르다, 차이가 나다, 부족하다, 모자라다, 나쁘다, 좋지 않다, 표준에 못 미치다, 못하다
□ 棒 bàng	막대기, 몽둥이, 방망이, 곤봉, (수준이) 높다, (성적이) 뛰어나다, 훌륭하다, 좋다, (체력이나 능력이) 강하다
□ 新闻 xīnwén	(신문이나 방송 따위의) 뉴스, 새로운 일, 신기한 일, 새 소식
□ 记者 jìzhě	기자
□ 快 kuài	(속도가) 빠르다, 속도, (부사) 빨리, 어서, 얼른, 곧(머지않아 ~하다), 영민하다, 민감하다, 약삭빠르다, 영리하다, (연장 따위가) 예리하다, 날카롭다, 잘 들다

Chapter 02 人们

- 拍照 pāizhào — 사진을 찍다, 촬영하다
- 相信 xiāngxìn — 믿다, 신임하다
- 健康状况 jiànkāng zhuàngkuàng — 컨디션
  = 状态 zhuàngtài, 气色 qìsè, 体况 tǐkuàng
- 摄影家 shèyǐngjiā — 카메라맨
  = 摄影师 shèyǐngshī, 摄影记者 shèyǐngjìzhě
- 摄影机 shèyǐngjī — 카메라
  = 照相机 zhàoxiàngjī
- 摄影机角度 shèyǐngjī jiǎodù — 카메라 앵글
- 监督 jiāndū — 감독
  = (包)工头(儿) bāogōngtóur, 导演 dǎoyǎn, 教练 jiàoliàn, 指教 zhǐjiào
- 主 zhǔ — 하나님
  = 上帝 shàngdì, 天主 tiānzhǔ, 天父 tiānfù
- 向 xiàng — 방향, 앞을 향하다, 편들다, 따르다, ~로, ~을 향하여(동작의 방향을 가리킴), ~에, ~에게(행동의 대상을 가리킴), ~을, ~로부터, ~을 따라(어떤 행동을 본받는 대상이나 변화시키는 원천을 가리킴), 처음부터 지금까지, 원래부터, 종래로, 여태까지
- 实话 shíhuà — 진실한 말, 정말
- 天父 tiānfù — (기독교의) 하나님(아버지)
- 众位 zhòngwèi — 여러분
  = 各位 gèwèi, 列位 lièwèi, 您们 nínmen, 诸位 zhūwèi
- 信仰 xìnyǎng — 신앙, 신조, (어떤 주장, 주의, 종교를) 믿다

预言者 yùyánzhě	예언자
	= 预言家 yùyánjiā, 先知 xiānzhī
老 lǎo	자주
	= 常 cháng, 经常 jīngcháng, 时常 shícháng, 常常 chángcháng, 老是 lǎoshì, 总是 zǒngshì
念 niàn	생각하다. 마음에 두다. 그리워하다. 생각. 염두. 사려
圣经 shèngjīng	성경. 성서
条 tiáo	(~儿, ~子)가늘고 긴 나뭇가지. 폭이 좁고 긴 것. 가늘고 긴 것. 작은 종이 조각. 가늘고 긴 선(무늬)
路 lù	길. 도로. 노정. 여정. 행정. 방법. 수단. (운수 기관 따위의) 노선. (양사) 종류. 부류
远 yuǎn	(거리상) 멀다. (시간상) 멀다. 오래다. (사이가) 멀다. 소원하다
讨论 tǎolùn	토론
	= 辩论 biànlùn, 商量 shāngliang, 讲演 jiǎngyǎn
时常 shícháng	늘. 항상. 자주
忍耐 rěnnài	인내(하다)
与 yǔ	주다. 베풀다. (개사) ~과(와). ~함께. ~에게. ~에 있어서
同在 tóngzài	함께하다. 함께
正直 zhèngzhí	정직하다
	= 坦率 tǎnshuài
实话实说 shíhuàshíshuō	진실을 말하다. 사실대로 말하다
不必 búbì	~할 필요가 없다
	= 用不着 yòngbuzháo, 不需要 bùxūyào, 不用 búyòng

Chapter 02　人们

- **急性子** jíxìngzi　성급한 사람
  = 急性人 jíxìngrén, 急三枪 jísānqiāng, 躁人 zàorén, 躁性 zàoxìng

- **忙** máng　바쁘다, 서두르다, 서둘러 ~하다, ~을 준비하다

- **亲切** qīnqiè　친절하다
  = 可亲 kěqīn, 热心肠(儿) rèxīncháng(r), 厚道 hòudao, 热心 rèxīn, 热情 rèqíng, 和蔼 hé'ǎi, 够意思 gòuyìsi

- **敏感** mǐngǎn　예민하다
  = 敏锐 mǐnruì, 善感 shàngǎn

- **出声** chūshēng　소리를 내다, 말하다

- **心狠** xīnhěn　사악하다
  = 邪恶 xié'è, 险恶 xiǎnè

- **富人** fùrén　부자
  = 富翁 fùwēng, 富豪 fùháo, 有钱人 yǒuqiánrén, 财主 cáizhǔ, 财东 cáidōng, 阔人(儿) kuòrén(r) 阔家 kuòjiā, 阔老 kuòlǎo, 阔大爷 kuòdàyé, 〈방언〉大肚子 dàdùzi, 万元户 wànyuánhù, 朝奉 cháofèng

- **成为** chéngwéi　~으로 되다

- **活泼** huópo　활발하다
  = 活跃 huóyuè, 兴隆 xīnglóng

- **一定** yídìng　규정되어 있다, 일정하다, 규칙적이다, 고정불변의, 필연적인, 반드시, 필히, 꼭

- **嗯** èng　응(대답, 승낙을 나타냄)

☐ 整脸子 zhěngliǎnzi	무뚝뚝한 사람
	= 老蔫儿 lǎoniānr, 闷腔儿 mēnqiāngr, 闷坛子 mēntánzi
☐ 干倔 gānjuè	무뚝뚝하다
	= 干巴巴(的) gānbābā(de), 老粗 lǎocū, 倔 juè 〈방언〉倔巴 juèba, 干 gān, 板 bǎn, 板滞 bǎnzhì, 直杵杵的 zhíchǔchǔde, 整脸子 zhěngliǎnzi, 白脸 báiliǎn, 硬着脸子 yìngzhe liǎnzi, 木然 mùrán
☐ 搭话 dāhuà	이야기하다, 말상대(말대꾸)하다, 말을 걸다, 말참견하다
☐ 爱 ài	사랑(하다), ~하기를 좋아하다, 아끼다, 소중히 하다
☐ 说话 shuōhuà	말하다, 이야기하다, 잡담하다, 한담하다, 나무라다, 책망하다, 비난하다
☐ 解 jiě	나누다, 가르다, 분리하다, 분해하다, 열다, 풀다, 벗기다, 없애다, 해제하다, 제거하다
☐ 道 dào	길, 도로, 수로, 흐름, 방향, 방법, 도리, 도, 학술 또는 종교의 사상 체계, (道儿) 줄, 선, 가늘고 긴 흔적, (양사) 강, 하천같이 긴 것을 세는 데 쓰임, 문, 담 따위에 쓰임, 명령, 제목 따위에 쓰임, 횟수를 나타냄, 기예, 기술, ~라고 생각하다
☐ 题 tí	제목, 문제, 연습문제, 시험문제, 적다, 쓰다, 서명하다
☐ 竞争 jìngzhēng	경쟁(하다)
☐ 赢 yíng	이기다, 이익을 보다, 이득을 얻다
☐ 输 shū	나르다, 운송하다, (승부에서) 지다, 패하다, (도박에서) 잃다
☐ 问题 wèntí	(해답, 해설 등을 요구하는) 문제, 질문, (연구, 토론하거나 해결해야 할) 문제, 중요한 일(점)

Chapter 03

春节
元宵节
植树节
儿童节
结婚
情人节

纪念日
jìniànrì
기념일

03

Chapter 03 春节

春节 Chūn Jié 설날

福 fú
복

福字要倒着贴。
Fú zì yào dàozhe tiē.
복자는 거꾸로 붙여야 해요.

贺年卡 hèniánkǎ
연하장

阳历一月一号过新年时晚辈给前辈，
学生给老师寄去贺年卡。
Yánglì yīyuè yīhào guò xīnnián shí wǎnbèi gěi qiánbèi,
xuésheng gěi lǎoshī jìqù hèniánkǎ.
양력 1월 1일 신정에 후배가 선배한테,
제자가 선생님께 연하장을 보낸다.

过小年的时候家家都往大门
两边贴对联儿。
Guò xiǎonián de shíhou jiājiā dōu
wǎng dàmén liǎngbiān tiē duìliánr.
작은 설날에 집집마다 대문 양쪽에 춘련을
붙인다.

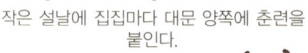

春联 chūnlián
춘련
(대문에 붙이는 두 개의 좋은 시구나
말을 적은 붉은 종이)

年画 niánhuà
연화
(설날에 집안이나 대문에 붙이는 그림)

大门上或者屋子里墙壁上都贴象征祈福的年画。
Dàmén shàng huòzhě wūzi lǐ qiángbì shàng dōu tiē xiàngzhēng qífú de niánhuà.
대문이나 집안 벽에는 기복을 상징하는 연화를 붙인다.

纪念日

新年服装 xīnnián fúzhuāng
새해 옷

三十儿晚上都换新衣服穿。被子和穿过的衣服都要洗。
Sānshír wǎnshang dōu huàn xīn yīfu chuān. Bèizi hé chuān guo de yīfu dōu yào xǐ.

그믐날 저녁에 새 옷을 갈아입어요. 이불이나 입었던 옷들은 모두 세탁해야한다.

三十儿晚上天一黑，家里有死去的人的话就到十字路口的大道儿边儿去烧纸钱。
Sānshír wǎnshang tiān yì hēi, jiāli yǒu sǐqù de rén dehuà jiù dào shízìlùkǒu de dàdàor biānr qù shāo zhǐqián.

그믐날 저녁 날이 어두워지면 가족 중에 죽은 사람이 있는 사람들은 사거리쪽 도로변에 나가 종이돈을 태운다.

迎接本历年的人要穿红色的内衣和袜子。
Yíngjiē běnlìnián de rén yào chuān hóngsè de nèiyī hé wàzi.

그 띠 해를 맞은 사람은 속옷과 양말을 모두 빨간색으로 입어야 한다.

水饺 shuǐjiǎo
물만두

除夕晚上大部分的男人在厨房做菜，女人和孩子们在一起包饺子。
至少要做8道菜以上。
Chúxī wǎnshang dàbùfen de nánrén zài chúfáng zuò cài, nǚrén hé háizimen zài yìqǐ bāo jiǎozi.
Zhìshǎo yào zuò bā dào cài yǐshàng.

그믐날 저녁에 대부분 남자들은 주방에서 요리를 하고 여자들은 아이들과 같이 만두를 빚는다.
요리는 적어도 8가지 이상을 한다.

Chapter 03 春节

鞭炮 biānpào
폭죽

晚上12点新年的钟声敲响时，放鞭炮迎新年吃年夜饭。
Wǎnshang shí'èr diǎn xīnnián de zhōngshēng qiāoxiǎng shí, fàng biānpào yíng xīnnián chī niányèfàn.
밤 12시 제야의 종이 울리면 폭죽을 터뜨리고 신년을 맞이하면서 풍성한 저녁 상차림 음식을 먹는다.

春节联欢晚会 Chūn Jié liánhuān wǎnhuì
춘절 특별 텔레비전 방송 프로그램

除夕晚上看到12点春节联欢晚会，钟声一响就边吃饭边开始拜年。
Chúxī wǎnshang kàndao shí'èr diǎn Chūn Jié liánhuān wǎnhuì, zhōngshēng yì xiǎng jiù biān chī fàn biān kāishǐ bàinián.
그믐날 밤은 12시까지 춘절 특별 텔레비전 방송 프로그램을 보며 종소리가 울리면 식사를 하는 동시에 새해 세배인사가 시작된다.

纪念日

除夕晚上一晚不熄灯,玩儿扑克或打麻将,还嗑瓜子儿、吃花生和各种点心。
Chúxī wǎnshang yìwǎn bù xīdēng, wánr pūkè huò dǎ májiàng, hái kè guāzǐr、chī huāshēng hé gèzhǒng diǎnxīn.
그믐날 밤은 밤새 불을 끄지 않고 포커나 마작을 놀고, 또한 해바라기씨와 땅콩을 까먹고 간식을 먹으며 보낸다.

给你一百块压岁钱。
Gěi nǐ yìbǎi kuài yāsuìqián.
세뱃돈을 100위안 주마.

红包 hóngbāo
빨간 봉투

剪纸 jiǎnzhǐ
전지

用红纸做各种吉祥的图样贴在窗户或者门上。
Yòng hóngzhǐ zuò gèzhǒng jíxiáng de túyàng tiēzài chuānghu huòzhě mén shàng.
붉은 색종이로 상서로운 모양을 만들어 창이나 문에 붙인다.

风筝 fēngzheng
연

放风筝可有意思了!
Fàng fēngzheng kě yǒu yìsi le!
연날리기는 정말 재미있어!

Chapter 03 春节

Chapter 03 元宵节

元宵节 Yuánxiāo Jié 정월대보름

圆月 yuányuè
보름달

元宵 yuánxiāo
원소

你吃着元宵了吗?
Nǐ chīzháo yuánxiāo le ma?
넌 원소를 먹었니?

你看, 又大又圆的月亮!
Nǐ kàn, yòu dà yòu yuán de yuèliang!
봐, 보름달이다!

冰灯一闪一闪的,
特别漂亮!
Bīngdēng yì shǎn yì shǎn de, tèbié piàoliang!
얼음등은 반짝반짝 하는게
특히 아름다워요!

灯笼 dēnglong
초롱

家家都挂灯笼。
Jiājiā dōu guà dēnglong.
집집마다 초롱을 걸어요.

冰灯 bīngdēng
얼음등

你猜一猜, 这个灯谜是什么?
Nǐ cāi yi cāi, zhège dēngmí shì shénme?
한번 맞춰봐, 이 초롱수수께끼가 뭔지?

大家都在玩儿烟火。
Dàjiā dōu zài wánr yānhuǒ.
모두 다 불꽃놀이를 하고 있다.

灯谜 dēngmí
초롱수수께끼

烟火 yānhuǒ
꽃불

纪念日

中秋节 Zhōngqiū Jié 추석

嗑瓜子儿吧。
Kè guāzǐr ba.
해바라기씨 까먹어요.

中秋节都吃月饼。
Zhōngqiū Jié dōu chī yuèbǐng.
추석에는 모두 월병을 먹는다.

中秋节前一个月扫墓。
Zhōngqiū Jié qián yí ge yuè sǎomù.
추석 한 달 전에 성묘한다.

庙会 miàohuì 절 시장

你去赶过庙会吗?
Nǐ qù gǎnguo miàohuì ma?
재회에 가보신 적 있으세요?

清明节 Qīngmíng Jié 청명절

阴历2月21日是清明节, 这天祭拜祖先并扫墓。
Yīnlì èr yuè èr shíyī rì shì Qīngmíng Jié, zhè tiān jìbài zǔxiān bìng sǎomù.
음력 2월 21일은 청명절이며, 이 날은 조상께 제사를 지내며 성묘를 한다.

端午节 Duānwǔ Jié 단오절

粽子很好吃。
Zòngzi hěn hǎochī.
종자는 매우 맛있어요.

进行过龙船比赛。
Jìnxíngguo lóngchuán bǐsài.
용선경기를 진행했었다.

阴历5月5日是纪念屈原的日子。
Yīnlì wǔ yuè wǔ rì shì jìniàn Qū Yuán de rìzi.
음력 5월 5일은 굴원을 기념하는 날이다.

Chapter 03 植树节

植树节 Zhíshù Jié 식목일

山 shān
산

我们在山上种树。
Wǒmen zài shān shàng zhòng shù.
우리는 산에 나무를 심습니다.

黄沙 huángshā
황사

沙漠需要绿树。
Shāmò xūyào lǜshù.
사막에는 나무들이 필요해요.

树 shù
나무

锹 qiāo
삽

枫叶 fēngyè
단풍잎

土 tǔ
흙

花 huā
꽃

草 cǎo
풀

太累了!
Tài lèi le!
너무 힘들어요!

Chapter 03 儿童节

儿童节 Értóng Jié 어린이날

礼物 lǐwù
선물

游乐园 yóulèyuán
놀이공원

答应我给我买很多礼物。
Dāyìng wǒ gěi wǒ mǎi hěn duō lǐwù.
선물 많이 사주는 걸 약속해주세요.

儿童节我们打算去游乐园。
Értóng Jié wǒmen dǎsuan qù yóulèyuán.
우린 어린이날 놀이공원에 갈 계획이에요.

儿童节你收到了什么礼物?
Értóng Jié nǐ shōudàole shénme lǐwù?
어린이날 선물로 무엇을 받았니?

我收到了这个娃娃!
Wǒ shōudàole zhège wáwa!
이 인형을 받았어요!

我为你唱一首歌吧。
Wǒ wèi nǐ chàng yì shǒu gē ba.
널 위해 노래를 불러줄게.

父亲节 Fùqīn Jié 아버이날

总是很感谢您!
Zǒngshì hěn gǎnxiè nín!
항상 감사 드립니다!

教师节 Jiàoshī Jié 스승의 날

用功学习吧!
Yònggōng xuéxí ba!
열심히 공부하세요!

生日 shēngrì 생일

长寿面 chángshòumiàn
장수면

过生日天吃长寿面是中国人的习俗。
Guò shēngrìtiān chī chángshòumiàn shì Zhōngguórén de xísú.
생일날 장수면을 먹는 것은 중국의 관습입니다.

熄灭蜡烛!
Xīmiè làzhú!
촛불을 끄렴!

谢谢大家!
Xièxie dàjiā!
모두 감사해요!

许个愿吧!
Xǔ ge yuàn ba!
소원을 빌어라!

哥, 生日快乐!
Gē, shēngrì kuàilè!
생일 축하해 오빠!

89

Chapter 03 结婚

结婚 jiéhūn 결혼

纪念日

葬礼 zànglǐ 장례

敬祈冥福。
Jìngqí míngfú.
삼가명복을 빕니다.

回来呀…
Huílái ya…
돌아와주세요…

真遗憾。
Zhēn yíhàn.
유감입니다.

谢谢拜访。
Xièxie bàifǎng.
방문해주셔서 감사합니다.

遗属 yíshǔ
유가족

不多。
Bù duō.
많진 않습니다.

Chapter 03 情人节

情人节 Qíngrén Jié 발렌타인 데이

男女这一天互送巧克力, 贺卡和花,
用以表达爱意和友好。
Nánnǚ zhè yì tiān hùsòng qiǎokèlì, hèkǎ hé huā,
yòngyǐ biǎodá àiyì hé yǒuhǎo.
남녀가 서로 초콜릿, 카드와 꽃을 선물하여
사랑과 우정을 표현합니다.

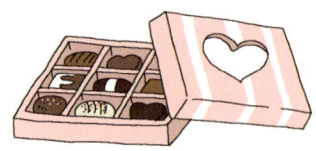

巧克力 qiǎokèlì
초콜릿

是谁? 是我认识的人吗?
Shì shéi? Shì wǒ rènshi de rén ma?
누구니? 내가 아는 사람이니?

是我们班的男生吗?
Shì wǒmen bān de nánshēng ma?
우리 반 남자아이니?

我会给谁巧克力的!
Wǒ huì gěi shéi qiǎokèlì de!
난 누군가에게 초콜릿을 줄 거야!

为了你…
Wèile nǐ…
너를 위한거야…

吓我一跳! 谢谢!
Xià wǒ yí tiào! Xièxie!
깜짝 놀랐어! 고마워!

纪念日

圣诞节 Shèngdàn Jié 성탄절

我们给圣诞老人拉冰车。
Wǒmen gěi shèngdàn lǎorén lā bīngchē.
우린 산타클로스를 위해 썰매를 끌지요.

冰车 bīngchē
썰매

警(察)官! 我家进贼了!
Jǐng(chá)guān! Wǒ jiā jìn zéi le!
경찰관님! 저희 집에 도둑이 들었어요!

贼 zéi
도둑

真的是圣诞老人吗?
Zhēnde shì shèngdàn lǎorén ma?
정말 산타클로스 맞나요?

希望你成为善良的孩子!
Xīwàng nǐ chéngwéi shànliáng de háizi!
착한 아이가 되기를 바란다!

我不喜欢送给我的礼物。
Wǒ bù xǐhuan sònggěi wǒ de lǐwù.
난 내 선물이 맘에 안 들어.

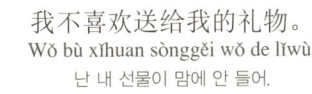

Chapter 03 纪念日

- 阳历 yánglì — 양력 = 公历 gōnglì
- 新年 xīnnián — 신년, 새해 = 新春 xīnchūn
- 时 shí — 때, 시기, (정해진) 시간, 철, 계절
- 晚辈 wǎnbèi — 후배 = 下辈 xiàbèi, 后辈 hòubèi, 小辈 xiǎobèi
- 前辈 qiánbèi — 선배 = 上辈 shàngbèi, 老辈 lǎobèi
- 老师 lǎoshī — 선생님, 은사, 스승
- 寄 jì — (우편으로) 부치다, 보내다, 운송하다, 송달하다, 맡기다, 두다, 기탁하다, 위탁하다
- 阴历 yīnlì — 음력 = 农历 nónglì, 旧历 jiùlì
- 小年 xiǎonián — 음력 12월이 29일인 해, 음력 12월 23일 또는 24일

  = 小除夕 xiǎochúxī

- 时候 shíhou — 시간, 동안, 때, 시각
- 家家 jiājiā — 집집마다, 집집이, 어느 집이나 = 每家 měijiā
- 大门 dàmén — 대문, 정문, 앞문
- 两边 liǎngbiān — 양변, 양측, 양가, 쌍방, 양쪽, 두 곳
- 贴 tiē — 붙이다, 바짝 붙다, 아주 가깝게 달라붙다, (경제적으로) 보태주다, 도와주다
- 对联(儿) duìlián(r) — 대련, 주련(한 쌍의 대구의 글귀를 종이나 천에 쓰거나 대나무, 나무, 기둥 따위에 새긴 대구, 특히 설날에 쓰이는 것을 春联(儿) chūnlián(r)이라고 함.
- 字 zì — 글자, 문자
- 倒 dào — (상하, 전후의 위치나 순서가) 거꾸로 되다(하다), 반대로 되다, 뒤집(히)다, 역으로, 거꾸로, 후퇴하다(시키다)
- 着 zhe — ~하고 있다, ~하고 있는 중이다, ~해 있다, ~한 채로 있다, 동사 또는 정도를 나타내는 형용사의 뒤에 붙어 명령이나 부탁의 어기를 강조함.

☐	屋子 wūzi	방
☐	墙壁 qiángbì	벽, (벽돌로 쌓은) 담
☐	象征 xiàngzhēng	상징(하다)
☐	祈福 qífú	복을 기원하다
☐	服装 fúzhuāng	복장
☐	三十儿 sānshír	섣달 그믐날 밤, 30
☐	换 huàn	교환하다, 바꾸다, 갈다, 바꾸다, 교체하다
☐	新 xīn	새롭다, 새로운, 새롭게 하다, 새로워지다, 새, 사용하지 않은, 신혼의, 금방, 새로이, 갓
☐	衣服 yīfu	옷, 의복 = 衣裳 yīshang
☐	被子 bèizi	이불
☐	洗 xǐ	씻다, 깨끗이 제거하다, (사진을) 현상하다, (테이프의 녹음, 영상 등을) 지우다, 소거하다, 삭제하다, (카드 따위를) 뒤섞다, 섞어서 치다
☐	迎接 yíngjiē	영접하다, (일을) 맞이하다
☐	本命年 běnmìngnián	출생한 해의 띠(간지) (구어) 本历年 běnlìnián
☐	红色 hóngsè	붉은 빛깔, 빨강, 적색, 공산주의적, 혁명적
☐	内衣 nèiyī	속옷, 내의
☐	袜子 wàzi	양말
☐	天 tiān	하늘, 천공, 날, 날씨
☐	一 yī	일, 하나, 1, 첫째, 첫 번째, 같다, 동일하다, 다른, 또 하나의, 온, 전, 모든, 하나의, 한결같은, 좀, 약간, 잠시, 한번, 서수일 경우 제1성으로 발음하고 제4성 앞에서는 제2성으로 발음하고 제1성, 제2성, 제3성 앞에서는 제4성으로 발음함.
☐	黑 hēi	검다, 까맣다, 검정색(의), 어둡다, 은밀한, 보이지 않는, 비밀의, 비공개적인

Chapter 03 纪念日

☐ 家里 jiāli	집안, 가정, 아내, 마누라, 집사람
☐ 死去 sǐqù	사거하다, 죽다
☐ 的话 dehuà	~하다면, ~이면
☐ 大道儿 dàdàor	큰길, 가로, 올바른 도리
☐ 边(儿) biān(r)	가장자리, 옷 또는 인쇄물의 가장자리에 꾸며 놓은 장식 또는 무늬, 주위, 근방, ~하면서~하다
☐ 烧 shāo	태우다, 불사르다, 가열하다, 끓이다, (밥을) 짓다, (벽돌 따위를) 굽다, (조리법의 하나로) 기름으로 튀기거나 볶은 다음에 국물을 붓고 다시 볶거나 고다
☐ 纸钱(儿) zhǐqián(r)	(제사 때 태우는) 종이돈, 지전
	= 纸锭 zhǐdìng, 纸锞 zhǐkè, 楮镪 chǔqiāng, 楮钱 chǔqián, 楮锭 chǔdìng
☐ 除夕 chúxī	섣달 그믐날 (밤)
	= 大除夕 dàchúxī, 大年三十儿 dànián sānshír, 年夜 niányè, 三十儿晚上 sānshír wǎnshang
☐ 大部分 dàbùfen	(명사) 대부분, (부사) 대부분, 거의 다
☐ 男人 nánrén	(성년) 남자
☐ 男人 nánren	남편 = 丈夫 zhàngfu
☐ 厨房 chúfáng	부엌, 주방, 요리사
☐ 菜 cài	채소, 반찬, 요리
☐ 女人 nǚrén	여자, 여인
☐ 女人 nǚren	처, 마누라, 아내 = 老婆 lǎopo, 妻子 qīzi
☐ 包 bāo	(종이나 천 따위로) 싸다, 싸매다, 보자기, 봇짐, 봉지, 꾸러미, (물건을 담는) 포대, 가방, 자루, 주머니, (양사) 포, 꾸러미, 갑, 봉지, 포대, (물체나 몸에 난) 돌기, 혹, 종기, 포위하다
☐ 至少 zhìshǎo	(부사) 최소한, 적어도

□ 以上 yǐshàng		이상. 이상(의 말한 것), 상기(상술)한 것
□ 钟声 zhōngshēng		종소리, 시계 소리
□ 敲响 qiāoxiǎng		두드려 울리다(소리를 내다)
□ 放 fàng		놓다. 풀어 놓다. 방출하다. (학교나 직장이) 파하다. 놀다, 쉬다. 거리낌 없이 하다. 제멋대로 하다
□ 迎 yíng		영접하다. 맞이하다. ~를 향하여. ~쪽으로
□ 年夜 niányè		(음력) 섣달 그믐날 밤. 제석. 제야 = 除夕 chúxī
□ 年夜饭 niányèfàn		제야에 먹는 음식
□ 联欢 liánhuān		함께 모여 즐기다. 교환하다. 친목을 맺다
□ 晚会 wǎnhuì		야회. 이브닝 파티
□ 看到 kàndao		보(이)다. 눈이 닿다
□ 一~就~ yī~jiù~		~하자 곧. ~하자마자(하나의 행동이나 상황이 발생한 후 또 다른 행동이나 상황이 곧 바로 이어짐을 나타냄)
□ 熄 xī		(불을) 끄다. (불이) 꺼지다
□ 灯 dēng		등. 등불. 액체 또는 기체를 사용하는 가열용 연소기
□ 扑克(牌) pūkè(pái)		카드. 트럼프. 포커
□ 打麻蒋 dǎ májiàng		마작을 하다 = 打麻雀 dǎ máquè, 叉麻雀 chāmáquè
□ 还 hái		아직. 아직도. 여전히(동작이나 상태가 지속됨을 나타냄). 더. 더욱. 또. 더(항목, 수량이 증가하거나 범위가 확대되는 것을 나타냄)
□ 还 huán		돌아가다. 돌아오다. (원 상태로) 되돌아가다. 돌려주다. 갚다. 반납하다. 상환하다
□ 嗑 kè		(이로) 까다. (쥐가) 쏠다
□ 瓜子儿 guāzǐr		수박씨. 해바라기씨. 호박씨 등을 통틀어 일컫는 말
□ 花生 huāshēng		(식물) 땅콩 = 落花生 luòhuāshēng, 长生果 chángshēngguǒ

Chapter 03 纪念日

各种 gèzhǒng	각종(의), 여러가지
点心 diǎnxīn	간식, 가벼운 식사, 과자류 식품
过年 guònián	설을 쇠다, 새해를 맞다, 설이 지나다
一百块 yībǎi kuài	100위안(인민폐)
压岁钱 yāsuìqián	세뱃돈
纸 zhǐ	종이
吉祥 jíxiáng	상서롭다, 운수가 좋다, 길하다
图样 túyàng	도안, 도면, 설계도, 견본, 카탈로그, 그림
窗户 chuānghu	창문
门上 ménshang	문위, 댁
正月十五 zhēngyuè shíwǔ	정월대보름
可 kě	~할 만하다, 허가 또는 가능을 나타냄, 역접을 나타냄, 강조를 나타냄, 의문문에 쓰여 의문의 어기를 강하게 함, 적합하다, 들어맞다
有意思 yǒuyìsi	재미있다, 흥미 있다, 의미심장하다, 뜻이 깊다, (~할) 생각이 있다(작정이다)
一年 yìnián	1년, 한 해
身体 shēntǐ	신체, 몸, 건강
健康 jiànkāng	(몸이) 건강(하다), (사물의 상태가) 건강하다, 건전하다, 정상이다
万事如意 wànshìrúyì	만사여의하다, 온갖 일이 뜻과 같이 되다
你们 nǐmen	너희들, 당신들, 자네들
学习 xuéxí	학습(하다), 공부(하다)
呀 ya	앞에 있는 음절의 모음이 a, o, e, i, ü로 끝난 경우에 그 영향을 받아 啊가 음이 변한 어조사. 1. 어세를 돕기 위하여 문자의 끝에 사용함. 2. 문장의 중간에서 어기를 잠시 멈출

때 사용하여 어세를 도움. 동사 뒤에 사용하여 행동이 계속되는 것을 나타냄.

祝贺 zhùhè	축하(하다)
老爷 lǎoyé	외조부, 어르신네, 나리(마님), 주인어른(옛날 윗사람, 관리, 고용주 등에 대한 일반적인 경칭)
姥姥 lǎolao	외할머니
生活 shēnghuó	생활(하다), 생존하다, 생계, 살림, 생활수준
开心 kāixīn	기분을 상쾌하게 하다, 기분 전환하다, 희롱하다, 놀리다, 유쾌하다, 즐겁다
下次 xià cì	다음 번, 이 다음, 차회
见面(儿) jiànmiàn(r)	만나다, 대면하다
回家 huíjiā	집으로 돌아가다(오다), 귀가하다, 귀성하다
这儿 zhèr	여기, 이곳
跟 gēn	(~儿) (발, 구두, 양말 따위의) 뒤꿈치, 따라가다, 쫓아가다, 계속되다, 붙다
难过 nánguò	고생스럽다, 지내기 어렵다, 괴롭다, 슬프다
亲切 qīnqiè	친근하다, 친밀하다, 친절하다, 절실하다, 밀접하다, 다정하다, 친함, 친근함
又 yòu	또, 다시, 거듭(반복 또는 연속을 표시), 한편, 또한, 더하여, 동시에 (동시적 상황을 표시)
大 dà	(체적, 면적 따위가) 크다, (수량이) 많다, (힘, 강도 따위가) 세다, 주요하다, 중요하다
圆 yuán	(儿, 子) (채소, 과목, 화초 따위를 가꾸는) 밭, (관람, 오락 따위를 위한) 공공장소
吃着 chīzháo	먹을 수 있게 되다, 먹게 되다
挂 guà	(고리, 못 따위에) 걸다, 전화를 끊다, 전화를 걸다
一闪一闪 yì shǎn yì shǎn	문득문득, 깜박깜박, 휙휙

Chapter 03 纪念日

☐ 特别 tèbié	특별하다. 특이하다. 별다르다. 유다르다. 보통이 아니다
☐ 猜 cāi	추측해서 풀다. 추측하다. 알아맞히다. 의심하다. 의심
☐ 前 qián	(장소) 앞. 앞으로 나아가다. (순서의) 앞
☐ 一个 yí ge	하나. 일개. 명사 앞에서 가치나 성질을 나타냄. 전체의
☐ 扫墓 sǎomù	성묘하다 = 扫坟 sǎofén, 墓祭 mùjì, 上坟 shàngfén
☐ 月饼 yuèbǐng	월병
☐ 赶 gǎn	뒤쫓다. 따라가다. (열차, 버스 따위의 시간에) 대다. 서두르다. 다그치다
☐ 这天 zhè tiān	이날. 오늘. 그날
☐ 祭拜 jìbài	제사를 지내다
☐ 祖先 zǔxiān	조상. 선조
☐ 并 bìng	(하나로) 합치다. 통합하다. 나란히 하다. 가지런히 하다. (부사) 결코, 조금도, 전혀, 그다지, 별로, 그런 정도로, 그리고, 또
☐ 纪念 jìniàn	기념하다. 기념의. 기념하는. 기념(품)
☐ 屈原 Qū Yuán	굴원(전국시대 초나라의 충신, 시인)
☐ 日子 rìzi	(작정한) 날, 날짜. 날수. 날짜. 시일. 기간. 시간. 세월. 시절. 시대
☐ 粽子 zòngzi	종자. 주악(찹쌀에 대추 따위를 넣어 댓잎이나 갈잎에 싸서 쪄먹는 단오 음식의 한 가지)
☐ 好吃 hǎochī	맛있다. 맛나다
☐ 好吃 hàochī	먹기 좋아하다
☐ 进行 jìnxíng	진행하다. (어떠한 활동을) 하다. 행진하다. 전진하다
☐ 龙船 lóngchuán	단오절에 용머리를 뱃머리에 장식하고 경주하는 배. 제왕의 배 = 龙舟 lóngzhōu
☐ 比赛 bǐsài	시합(하다) = 竞赛 jìngsài, 比试 bǐshì

☐ 山上 shān shàng	산 위
☐ 种 zhòng	(씨를) 뿌리다, (모를) 심다, 기르다, 경작하다, 〈의학〉 경작하다
☐ 沙漠 shāmò	사막
☐ 需要 xūyào	요구되다, 필요로 하다, 수요, 필요, 요구, 욕구, ~해야 한다
☐ 绿树 lǜshù	〈식물〉 상록수, 푸른 나무
☐ 棵 kē	그루, 포기(식물을 세는 양사)
☐ 咱们 zánmen	우리(들)(자기 쪽과 상대방 쪽을 모두 포함.)
☐ 记得 jìde	기억하고 있다
☐ 高 gāo	(높이가) 높다, 높이, (품질, 수준, 정도 등이 보통 정도보다) 높다
☐ 树木 shùmù	수목, 나무
☐ 净化 jìnghuà	정화하다, 맑게 하다
☐ 空气 kōngqì	공기, 여론, 세론, 분위기
☐ 原来 yuánlái	원래, 본래, 알고 보니(실제상황을 알아냈음을 나타냄)
☐ 明白 míngbai	분명하다, 명확하다, 명백하다, 공공연하다, 숨김 없다, 솔직하다, 공개적이다, 총명하다, 현명하다, 분별 있다
☐ 答应 dāyìng	대답하다, 응답하다, 동의하다, 승낙하다, 허락하다
☐ 买 mǎi	사다, 구입하다, 매수하다
☐ 多 duō	(수량이) 많다, 많다, 여분이 있다
☐ 打算 dǎsuan	~하려고 하다, ~할 작정이다, 타산하다, 계획하다, (이용하려고) 꾀하다, (행동의 방향, 방법 등에 관한) 생각, 타산, 계획, 기도
☐ 收到 shōudào	받다, 수령하다, 얻다, 입수하다
☐ 礼物 lǐwù	예물, 선물, (간단한) 방문 선물
☐ 娃娃 wáwa	(갓난) 아기, 어린애, 인형

Chapter 03 纪念日

☐	为 wèi	~에게, ~를 위하여(행위의 대상을 나타냄), ~을(를) 하기 위하여(목적을 나타냄)
☐	首 shǒu	머리, 최고의, 제일의, 최초의 처음의, 최초로, 처음으로, 시작되다, 자수하다, 참수하다, (양사) (시, 사, 노래 따위의) 수
☐	歌 gē	노래, 가곡, 노래하다(부르다)
☐	总是 zǒngshì	늘, 줄곧, 언제나, 반드시, 꼭, 절대로, 결국, 아무튼, 어쨌든, 아무래도
☐	感谢 gǎnxiè	감사(하다)
☐	用功 yònggōng	힘써 배우다, 열심히 공부하다, (공부에) 힘쓰다, 노력하다
☐	习俗 xísú	습관과 풍속, 습속
☐	熄灭 xīmiè	(불을) 끄다, (불이) 꺼지다, 소멸하다, 소멸시키다
☐	蜡烛 làzhú	초, 양초, 바보, 멍청이
☐	许愿 xǔyuàn	신불에게 소원을 빌다, (사전에 상대방에게 이익(보답)을 베풀 것을) 약속하다, 승낙하다
☐	个 gè/ge	(양사) 개, 명, 사람(주로 전용양사가 없는 명사에 두루 쓰이며, 전용양사가 있는 명사에도 쓰일 수 있음)
☐	幸福 xìngfú	행복(하다)
☐	悲伤 bēishāng	슬퍼서 몸이 상하다, 몹시 슬퍼하다
☐	担心 dānxīn	염려하다, 걱정하다
☐	新婚 xīnhūn	신혼(의)
☐	旅行 lǚxíng	여행(하다), (동물 따위가 큰 무리를 지어) 이동하다
☐	证 zhèng	증명하다, 증거, 증서, 증명서, 병상, 증상
☐	敬 jìng	존경(하다), 공경(하다), 삼가, (음식이나 물건을) 공손히 드리다, 올리다, 바치다
☐	祈 qí	기도하다, 빌다, 원하다, 간청하다, 부탁하다
☐	冥福 míngfú	명복, 사후의 행복

☐ 回来 huílái	돌아오다. 이따가, 잠시 후에, 조금 있다가. 원래 상태로 되다. (병 따위가) 도지다. 동사 뒤에 붙어서 본래 장소로 되돌아오거나 되돌리는 뜻을 나타냄.
☐ 遗憾 yíhàn	유한. 유감. 유감스럽다
☐ 拜访 bàifǎng	배방하다
☐ 这一天 zhè yì tiān	이날
☐ 互 hù	서로
☐ 贺卡 hèkǎ	축하 카드
☐ 用以 yòngyǐ	~을 사용하여. ~으로. ~에 의하여
☐ 表达 biǎodá	(생각, 감정을) 표현하다, 나타내다
☐ 友好 yǒuhǎo	절친한 친구. 우호(적이다)
☐ 班 bān	반. 조. 단체. 그룹. 근무. 근무시간. 노동(작업)시간의 구분
☐ 男生 nánshēng	남학생
☐ 谁 shéi	누구. 아무. 아무개(임의의 어떤 사람을 나타냄)
☐ 为了 wèile	~를 위하여(목적을 나타냄)
☐ 吓 xià	놀라다. 놀라게 하다. 무서워하다. 무섭게 하다. 위협하다
☐ 跳 tiào	(껑충) 뛰어오르다. 도약하다. (물체가 탄력에 의해) 튀어오르다. (파도치듯) 움직이다. (심장 등이) 뛰다. (눈꺼풀이) 푸르르 떨리다
☐ 圣诞老人 shèngdàn lǎorén	산타클로스
☐ 拉 lā	끌다. 당기다. (차나 수레에) 실어 운반하다. 실어 나르다
☐ 进 jìn	나아가다. 전진하다. (바깥으로부터 안으로) 들다. 들여놓다. 들이다
☐ 真的 zhēnde	참으로. 정말로. 진실로. 진짜(물건)
☐ 善良 shànliáng	선량하다. 착하다. 어질다

中国的纪念日 중국의 기념일

1월 1일
新年 xīnnián，元旦 Yuándàn 신정

원단, 원은 처음, 시작을 뜻하며
단은 나날, 세월을 뜻합니다.
즉 처음 시작하는 날을 말하며
즉 1년의 첫날을 뜻합니다.

2월 14일
情人节 Qíngrén Jié 발렌타인데이

이날은 서방국가의 전통명절이지만
중국에서도 성탄절을 맞이하는 것처럼
중요한 명절이 되었습니다.
이날은 남녀가 서로 초콜릿, 카드와 꽃을
선물하여 사랑과 우정을 표현하는 날로
되었습니다.

3월 8일
妇女节 Fùnǚ Jié 부녀절

매년 3월 8일은 부녀가 경제, 정치와 사회 등
영역에서 한 중요한 공헌과 얻은 거대한 성과에
대하여 경축하기 위하여 설립한 명절입니다.

Chapter 03

3월 12일
植树节 Zhíshù Jié 식목일

3월 12일은 손중산의 서거 기념일입니다.
손중산이 살아계실 때에 삼림업 건설을
매우 중요시하였습니다.
1914년 11월 중국 근대사에서 첫
〈삼림법(森林法 shēnlínfǎ)〉을 공포하였습니다.

5월 1일
劳动节 Láodòng Jié 노동절

5·1절은 전국의 무산계급, 노동인민의
공동의 명절입니다. 이날은 법정의 노동절로
전인민이 하루 휴무입니다.

5월 4일
青年节 Qīngnián Jié 청년절

5·4운동은 중국 인민이 민족독립을 보위하고
민족적 자유를 얻으려는 굳센 의지를
표현하였으며 중국 신민주주의혁명의 시작의
상징입니다.

中国的纪念日 중국의 기념일

5월의 두 번째 일요일
母亲节 Mǔqīn Jié 어머니날

이날은 어머니께 감사하는 날입니다. 어머니께 바치는 꽃은 원추리꽃(萱草花 xuāncǎohuā, 忘忧草 wàngyōucǎo)입니다. 카드와 선물을 드리며 또한 어머니는 이날 가사일로부터 해방되는 날입니다.

6월 1일
儿童节 Értóng Jié 아동절

이날은 아동들의 생존권, 보건권, 교육을 받을 권리를 보장하고 아동들의 생활을 개선하기 위하여 아동들을 학살하고 해치는 것을 반대하는 명절입니다.

6월의 세 번째 일요일
父亲节 Fùqīn Jié 아버지날

이날은 아버지께 감사하는 날로 특별 주문한 생화를 바쳐 아버님에 대한 경의를 표시합니다. 빨간색 장미와 하얀색 장미는 아버지날의 공인된 꽃입니다. 빨간색 장미는 건재하는 부모님께 경애하여 받들어 모심을 표시하며 하얀 장미는 세상을 떠난 아버님께 애도함을 나타냅니다.

Chapter 03

9월 10일

教师节 Jiàoshī Jié 스승의 날

이날에는 학생들이 난초(兰花 lánhuā),
카네이션(康乃馨 kāngnǎixīn), 백합화(百合花
bǎihéhuā), 국화(菊花 júhuā), 두메별꽃(满天
星 mǎntiānxīng) 등 꽃을 꽃바구니나 꽃다발로
만들어 존경과 축복의 뜻을 담아 선생님께
드립니다. 또한 선생님께 감사의 편지를 써서
카드와 함께 드리기도 합니다.

10월 1일

国庆节 Guóqìng Jié 국경절

1949년 10월 1일 수도북경천안문광장에서
건국의 대전을 거행하였고 중앙인민정부주석
모택동이 장엄하게 중화인민공화국성립을
선포하였으며 손수 첫 번째 오성홍기를
떠오르게 하였습니다. 천안문광장에 모인
30만 군인과 국민은 성대한 열병과 시위행진을
경축하였습니다.

12월 25일

圣诞节 Shèngdàn Jié 성탄절

성탄절은 교회연력의 전통명절로 그것은
신자들이 예수그리스도가 탄생한 날을 기념하는
명절입니다. 성탄절을 사람들이 각별히
중요시하기 때문에 전 국민적인 명절로
되었으며 서방식 중국의 춘절로 되었습니다.

Chapter 04

运动
体育运动

运动
yùndòng

스포츠

04

Chapter 04 运动

运动 yùndòng 운동

走步 zǒubù
걷기

可以减轻体重。
Kěyǐ jiǎnqīng tǐzhòng.
몸무게를 줄일 수 있어요.

徒手操 túshǒucāo
맨손체조

后背很疼!
Hòubèi hěn téng!
등이 아파요!

慢跑 mànpǎo
조깅

慢跑对身体非常好。
Mànpǎo duì shēntǐ fēicháng hǎo.
조깅은 건강에 좋답니다.

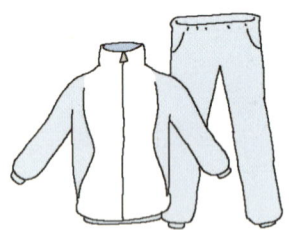

运动服 yùndòngfú
운동복

你要买运动服吗?
Nǐ yào mǎi yùndòngfú ma?
운동복을 살 것입니까?

运动鞋 yùndòngxié
운동화

我要买新的运动鞋!
Wǒ yào mǎi xīn de yùndòngxié!
난 새 운동화를 살 거야!

Chapter 04 运动

瑜伽 yújiā
요가

我的身子扭曲了!
Wǒ de shēnzi niǔqū le!
내 몸이 꼬였어요!

我现在漂起来了吗?
Wǒ xiànzài piāoqǐlái le ma?
난 지금 날고 있는 거야?

跳绳 tiàoshéng
줄넘기

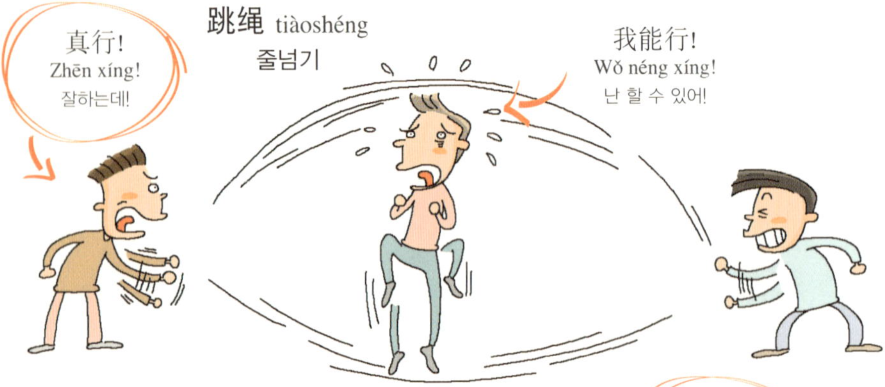

真行!
Zhēn xíng!
잘하는데!

我能行!
Wǒ néng xíng!
난 할 수 있어!

慢点儿骑!
Màndiǎnr qí!
천천히 가!

呼拉圈儿 hūlāquānr
훌라후프

这点儿很容易!
Zhè diǎnr hěn róngyì!
이 정도는 식은 죽 먹기지!

自行车赛跑 zìxíngchē sàipǎo
자전거 경주

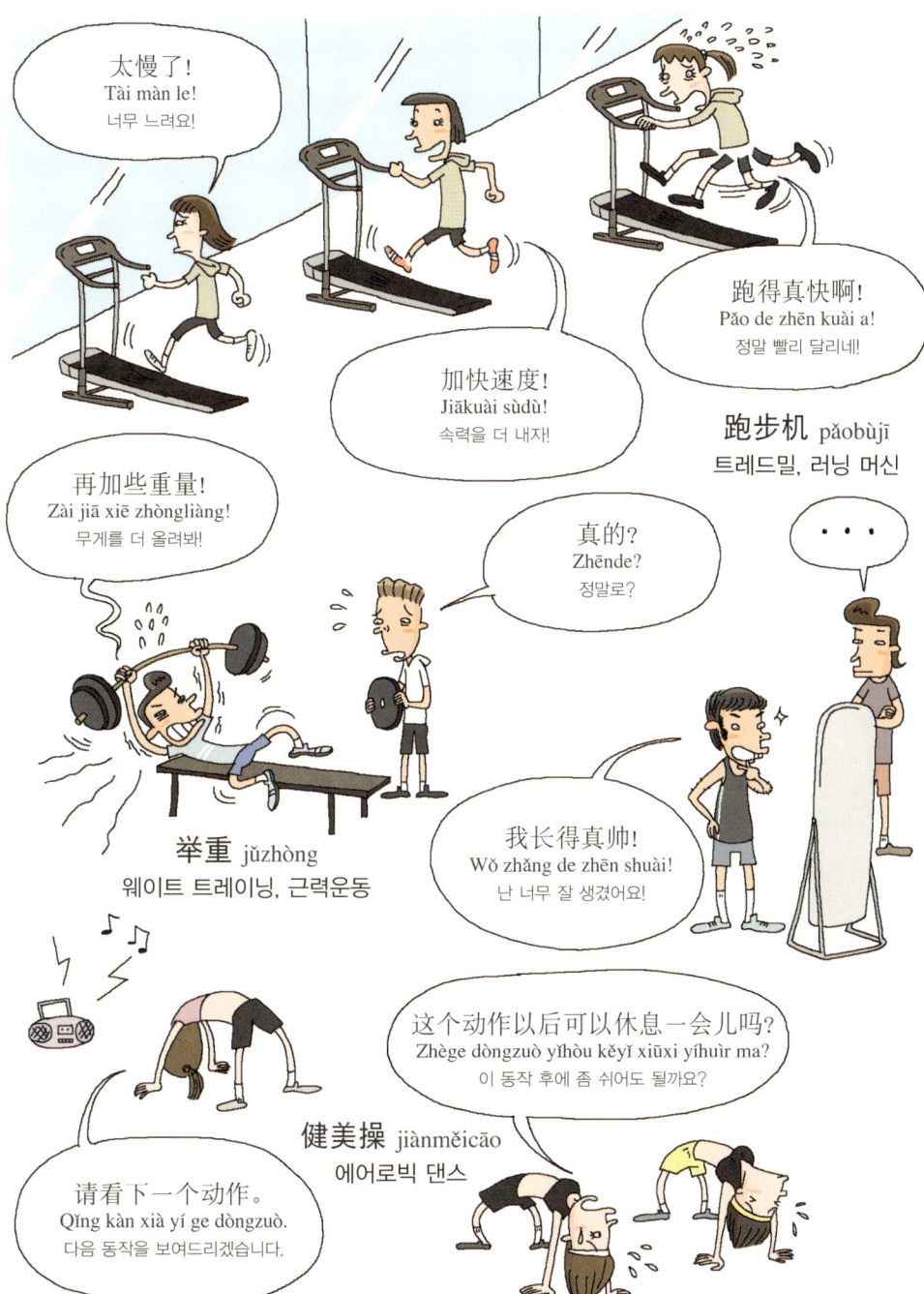

运动

我个儿很高。
Wǒ gèr hěn gāo.
난 키가 커요!

我个儿很矮。
Wǒ gèr hěn ǎi.
난 키가 작아요!

排球 páiqiú
배구

你赢不了我!
Nǐ yíng bù liǎo wǒ!
넌 날 이길 수 없어!

篮球 lánqiú
농구

他可真快!
Tā kě zhēn kuài!
그는 정말 빨라!

乒乓球 pīngpāngqiú
탁구

我们已经打三个小时的网球了!
Wǒmen yǐjīng dǎ sān ge xiǎoshí de wǎngqiú le!
우린 세 시간 동안 테니스를 치고 있어요!

不玩儿了, 不行吗?
Bù wánr le, bù xíng ma?
그만하면 안 될까?

网球 wǎngqiú
테니스

Chapter 04 体育运动

掷铁饼 zhìtiěbǐng
원반던지기

这个太轻了。
Zhège tài qīng le.
이건 너무 가벼워요.

掷铅球 zhìqiānqiú
투포환

我很壮实。
Wǒ hěn zhuàngshi.
난 튼튼해요.

链球 liànqiú
해머 던지기

这个太重了。
Zhège tài zhòng le.
이건 너무 무거워요.

我能行!
Wǒ néng xíng!
난 할 수 있어!

跳远(儿) tiàoyuǎn(r)
멀리뛰기

看着标的了。
Kànzháo biāodì le.
표적이 보인다.

扔标枪 rēngbiāoqiāng
창 던지기

马拉松 mǎlāsōng
마라톤

他发生了什么事情?
Tā fāshēngle shénme shìqing?
그에게 무슨 일이 일어 난 거지?

我的裤子!
Wǒ de kùzi!
내 바지!

跳高(儿) tiàogāo(r)
높이뛰기

我现在在做什么?
Wǒ xiànzài zài zuò shénme?
내가 지금 뭘 하고 있는 거지?

撑杆跳高 chēnggāntiàogāo
장대높이뛰기

 运动

可以跑了吗?
Kěyǐ pǎole ma?
달려도 될까요?

一百米赛跑 yìbǎimǐ sàipǎo
100미터 달리기

接住!
Jiēzhù!
잡아!

接力赛 jiēlìsài
계주

体操 tǐcāo
체조

鞍马 ānmǎ
안마

我的鞋子打中了审判官。
Wǒ de xiézi dǎzhòngle shěnpànguān.
내 신발이 심판을 쳤어.

跳箱 tiàoxiāng
뜀틀

圆满地落地。
Yuánmǎn de luòdì.
완벽한 착지였어.

吊环 diàohuán
링

维持不下去这个姿势了!
Wéichí bú xiàqù zhège zīshì le!
더 이상 이 자세를 유지할 수 없겠어!

单杠 dāngàng
철봉

双杠 shuānggàng
평행봉

父母都来看我了。我要全力以赴。
Fùmǔ dōu lái kàn wǒ le. Wǒ yào quánlìyǐfù.
부모님께서 나를 보러 이곳에 오셨어. 최선을 다 할거야.

Chapter 04 体育运动

游泳 yóuyǒng
수영

游泳池早上八点开门。
Yóuyǒngchí zǎoshang bā diǎn kāimén.
수영장은 아침 8시에 문을 엽니다.

游泳池 yóuyǒngchí
수영장

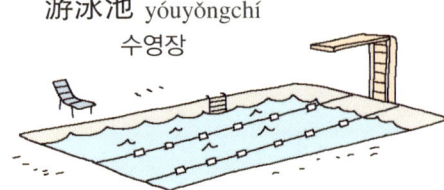

蛙泳 wāyǒng
평영

游得像青蛙一样。
Yóu de xiàng qīngwā yíyàng.
개구리처럼 수영해라.

自由泳 zìyóuyǒng
자유형

很容易。
Hěn róngyì.
쉬워요.

仰泳 yǎngyǒng
배영

请注目一下儿。
Qǐng zhùmù yíxiàr.
여기를 주목해주세요.

蝶泳 diéyǒng
접영

很难。
Hěn nán.
어려워요.

射击 shèjī
사격

我必须集中精神。
Wǒ bìxū jízhōng jīngshén.
난 집중해야만 해.

拳击 quánjī
권투

我看不见。
Wǒ kàn bu jiàn.
볼 수가 없어요.

运动

射箭 shèjiàn
양궁

我的视力越来越变坏了。
Wǒ de shìlì yuèláiyuè biànhuài le.
나의 시력은 점점 악화되고 있습니다.

跆拳道 táiquándào
태권도

这是我最后机会。
Zhè shì wǒ zuìhòu jīhuì.
이것은 내 마지막 기회다.

笑一下儿。
Xiào yíxiàr.
웃어보아요.

我是第一!
Wǒ shì dì-yī!
내가 최고야!

金牌 jīnpái
금메달

下回要得到金牌。
Xiàhuí yào dédào jīnpái.
다음엔 금메달을 따야지.

银牌 yínpái
은메달

铜牌 tóngpái
동메달

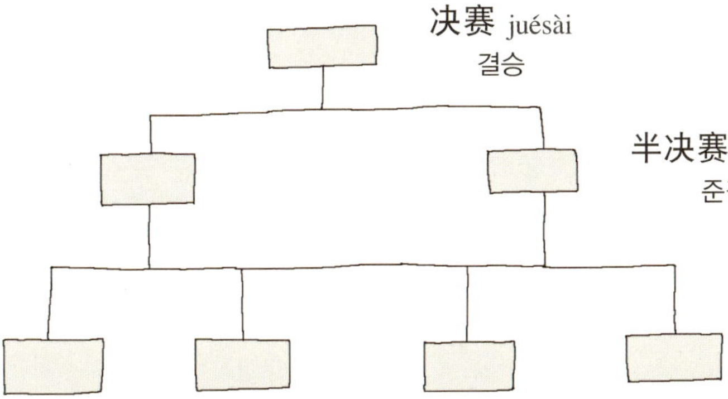

决赛 juésài
결승

半决赛 bànjuésài
준결승

半复赛 bànfùsài
준준결승

Chapter 04 运动

慢跑 mànpǎo	조깅 = 晨跑 chénpǎo, 健身跑 jiànshēnpǎo
非常 fēicháng	대단히, 심히, 예사롭지 않은, 특별한, 비상한, 비정상적인
减轻 jiǎnqīng	경감하다, 덜다, 가볍게 하다
体重 tǐzhòng	체중
徒手操 túshǒucāo	맨손체조, 도수체조
体操 tǐcāo	체조
艺术体操 yìshùtǐcāo	리듬체조 = 韵律体操 yùnlǜtǐcāo
后背 hòubèi	등, (방언) 후방, 후배
疼 téng	아프다, 몹시 아끼다, 매우 사랑하다, 몹시 귀여워하다
运动鞋 yùndòngxié	운동화 = 跑鞋 pǎoxié, 球鞋 qiúxié
运动 yùndòng	〈물리〉물체의 운동, 〈철학〉운동, 〈체육〉운동, 스포츠
运动 yùndong	운동하다
炫耀 xuànyào	자랑하다 = 显耀 xiǎnyào, 夸耀 kuāyào
鞋 xié	신(발)
准备 zhǔnbèi	준비하다, ~하려고 하다 = 打算 dǎsuàn
好处 hǎochù	장점, 이익, 호의
哇 wa	啊가 'u', 'ao', 'ou' 따위로 끝나는 앞 음절의 영향을 받아 변음한 것
后 hòu	뒤, 후, (시간상으로) 뒤, 후, 다음, 장래, 나중
赛跑 sàipǎo	달리기, 경주, 경주하다
身子 shēnzi	신체, 몸, (속어) 임신
扭曲 niǔqū	비틀다(비틀리다), 꼬다(꼬이다), 외곡하다(되다)
漂 piāo	(물이나 액체 위에) 뜨다, 표류하다, 떠돌다, 유랑하다, 표박하다, 경박하다, 경망스럽다

漂 piào	허사가 되다, 쓸모없이 되다, 틀리다, (빌려준 돈을) 떼이다, 허탕 치다
跳绳 tiàoshéng	줄넘기
行 xíng	좋다, 충분하다, 뛰어나다, 걷다, 가다, 길, 여행(의)
能行 néngxíng	~할 수 있다, ~할 힘이 있다, ~할 줄 알다, 유능하다
呼拉圈儿 hūlāquānr	훌라후프 = 健身圈 jiànshēnquān, 魔圈 móquān
这点儿 zhèdiǎnr	요만큼, 이 정도
容易 róngyì	쉽다, 용이하다, 하기 일쑤다, 하기 쉽다
好不容易 hǎobùróngyì	겨우, 가까스로, 간신히 = 好容易 hǎoróngyì
自行车 zìxíngchē	자전거
	(남방어) 脚踏车 jiǎotàchē
	(광동어) 单车 dānchē
慢点儿 màndiǎnr	천천히, 잠시 미루었다가
骑 qí	올라타다, 양편에 걸쳐 있다
跑步 pǎobù	구보, 달리기, 구보를 하다
机 jī	기계, 기구, 비행기, (일의) 전기, 고동, 계기, 실마리, 기틀
加快 jiākuài	빠르게 하다, 속도를 올리다
速度 sùdù	〈물리〉속도, 속도 〈음악〉템포
举 jǔ	들어올리다, 쳐들다, 거동, 행위, 일으키다, 흥기하다, 선거하다, 추천하다, 제출하다, 제시하다, (예 따위를) 들다
重 zhòng	무게, 중량, 무겁다, (정도가) 심하다, 크다, 중하다, 중요하다, 중대하다, 중시하다, 중요시하다
重量 zhòngliàng	무게, 중량
帅 shuài	군대의 최고 지휘관, 통솔하다, 인솔하다, 멋지다
健美操 jiànměicāo	에어로빅 댄스

Chapter 04 运动

动作 dòngzuò	동작, 행동, 움직이다, 행동(동작)하다
以后 yǐhòu	이후, 금후
这次 zhècì	이번, 금회
投 tóu	던지다, 집어넣다, 투입하다, (편지, 원고 따위를) 부치다, 보내다, (죽으려고) 뛰어들다, 몸을 던지다, 마음이 맞다
球 qiú	구, 구형이나 이에 가까운 물체, 공, 볼, 구기운동, 지구
手 shǒu	손, 어떤 기능이나 기술을 가진 사람, 능숙한 사람
裁判 cáipàn	심판(하다), 재판(하다)
守门员 shǒuményuán	골키퍼
失误 shīwù	(운동 경기나 바둑 따위에서) 실수를 하다, 수를 잘못 쓰다
造成 zàochéng	조성하다, 만들다, 창조하다, (좋지 않은 사태 따위를) 발생시키다, 야기시키다, 초래하다
失球 shīqiú	골을 먹음, 점수를 잃음
教练 jiàoliàn	감독, 코치
咳 hāi	아이참, 하, 허, 아이구(상심, 후회, 놀람을 나타냄), 어, 자 (남을 부르거나 주의를 환기시킬 때 내는 소리)
练习 liànxí	연습하다, 익히다, 연습, 훈련
加油打气 jiāyóu dǎqì	응원하여 고무시키다
呐喊助威 nàhǎn zhùwēi	고함치며 응원하다
助选团 zhùxuǎntuán	선거의 응원단체
鼓励 gǔlì	응원하다
终于 zhōngyú	마침내, 결국, 끝내
个儿 gèr	키, 몸집, 크기, 부피, 개수
矮 ǎi	(키가) 작다, (높이가) 낮다, (등급, 지위가) 낮다, 낮추다

了 liǎo	마치다, 끝내다 완결하다, 이해하다, 알다
不了 bùliǎo	끝나지 않다, 끝맺지 못하다, 이해 못하다, 알지 못하다
小时 xiǎoshí	시간
三个小时 sān gè xiǎoshí	세 시간
才能 cáinéng	재능, 재간, 수완, 지식과 능력
好球 hǎoqiú	(야구의) 스트라이크, (테니스, 배구 등의) 인사이드 볼, 나이스 볼
刚才 gāngcái	방금, 지금 막, 이제 금방
怎么 zěnme	어떻게, 어째서, 왜, 아무리~해도, 어떤, 어쨌다고?
这么 zhème	이러한, 이와 같은, 이렇게, 이쪽
哪 na	어기조사(보통 경성으로 발음하며 감탄을 표시함. 그 앞의 글자의 운미가 –n으로 끝나면 '啊'가 '哪'로 변하게 됨)
妨碍 fángài	지장(을 주다), 방해(하다), 저해(하다)
滑 huá	반들반들하다, 매끈매끈하다, 미끄럽다, 미끄러지다, 지치다, 교활하다, 뺀들거리다
冰 bīng	얼음, 차다, 시리다, 쌀쌀하게 대하다, 순결하다, 얼음처럼 맑고 깨끗하다
放松 fàngsōng	늦추다, 느슨하게 하다, (근육을) 이완시키다, 관대하게 하다, 풀어주다, 방면하다
肌肉 jīròu	근육
全胜无败 quánshèng wúbài	전승 무패
战绩 zhànjì	전적
短 duǎn	짧다(공간적, 시간적 거리의 짧음을 말함), (키가) 작다, 결핍되다, 부족하다, 빚지다, 결점, 단점
第一 dì-yī	제1, 첫(번)째, 최초, 맨 처음, 가장 중요하다, 제일이다

Chapter 04 运动

还有 háiyǒu	그리고, 또한
机会 jīhuì	기회
最后 zuì hòu	최후, 맨 마지막
决不 jué bù	절대 ~않다
抛弃 pāoqì	버리고 돌보지 않다, 던져 버리다, (권리를) 포기하다
掷 zhì	던지다, (상대편에서 물건을) 보내오다
铁饼 tiěbǐng	원반던지기, 원반
轻 qīng	가볍다, 간편하다, 간단하다, 적다, 어리다, 경미하다, 경쾌하다, 가뿐하다
掷铅球 zhìqiānqiú	투포환 = 掷铁球 zhìtiěqiú
重 zhòng	무겁다 = 沉 chén
壮实 zhuàngshi	(몸이) 튼튼하다, 튼실하다
扔 rēng	던지다, 내버리다, 포기하다, 지껄이다, 함부로 말하다
标枪 biāoqiāng	투창 경기, 투창경기에서 사용하는 투창, 표창
看着 kànzhe	보아가면서, (겉)보기에는
着 zháo	동사 뒤에서 목적이 달성되었거나 결과가 있음을 표시함, 잠들다, 접촉하다, 닿다, 느끼다, 받다, 맞다
看着了 kànzháole	보았다
标的 biāodì	표적, 과녁, 목적
裤子 kùzi	바지
撑 chēng	받치다, 괴다, 버티다
杆 gān	기둥, 막대, 장대
跳高 tiàogāo	장대높이뛰기
米 mǐ	쌀, 껍질을 벗긴 곡물(주로 먹을 수 있는 것을 가리킴), 미터

一百米 yìbǎi mǐ	100미터
接力 jiēlì	계주, 계주를 하다
赛 sài	겨루다, 경쟁하다, 시합하다, 비기다
住 zhù	살다, 거주하다, 머무르다, 유숙하다, 멎다, 그치다
打中 dǎzhòng	명중시키다, 명중하다
审判 shěnpàn	심판(하다), 심리(하다), 재판(하다)
审判员 shěnpànyuán	판사, (운동 경기의) 심판, 주심
圆满 yuánmǎn	원만하다, 완벽하다, 훌륭하다, 충분하다
地 de	(조사) 단어나 단어결합이 부사어로 쓰여 동사, 형용사를 수식할 경우에 쓰임.
落地 luòdì	(물체가) 땅에 떨어지다, 땅에 (발을) 디디다, 착지하다, 태어나다, (말, 소리 따위가) 끝나다, 전부, 깡그리, 모두
维持 wéichí	유지하다, (질서, 진행 따위의) 책임을 떠맡다, 돌보다, 원조하다
下去 xiàqu	(위에서 아래로) 내려가다, 계속하다, 마치다, 끝나다, 쇠퇴하다, 진압되다, 없어져서 원상태가 되다
不下去 bú xiàqu	~해나갈 수 없다
父母 fùmǔ	부모
全力以赴 quánlìyǐfù	전력을 다하여 일에 임하다, 전력투구하다
游泳 yóuyǒng	수영하다, 수영
池 chí	못, 늪, 늪처럼 움푹하게 들어간 곳
开门 kāimén	문을 열다, 개점하다, 영업을 시작하다, 공개하다, 공개적으로 ~을(를)하다, 참가할 기회를 부여하다, 개방하다
游 yóu	헤엄치다, 이리 저리 다니다, 떠돌다, 유람하다, 한가롭게 거닐다, 물 위를 떠다니다

Chapter 04 运动

像 xiàng	본뜬 형상. 본떠 그린 모양. ~와 공통점이 있다. 그럴듯하다. 마치 ~와 같다
青蛙 qīngwā	(청)개구리 = 田鸡 tiánjī
一样 yíyàng	같다. 동일하다. (~儿)한 종류. 한가지
注目 zhùmù	주목하다. 주시하다
难 nán	어렵다. 곤란하다. 힘들다. 곤란하게 하다. 어렵게 하다. 난처하게 만들다. 좋지 않다. 흉하다. 나쁘다
必须 bìxū	반드시 ~해야 한다. 꼭 ~해야 한다. 기필코 ~해야 한다
集中 jízhōng	집중하다. 모으다. 모이다. 집결하다. 집중되다. 집약하다. 중앙집권화하다
精神 jīngshén	정신. 주요 의미(의의). 주지. 요지
看不见 kàn bu jiàn	보이지 않다 = 瞧不见 qiáo bu jiàn
射 shè	발사하다. 쏘다. 내뿜다. 분사하다. 발산(방사)하다. (대·소)변을 보다
箭 jiàn	화살
视力 shìlì	시력
越来越 yuèláiyuè	점점. 더욱더(정도의 증가를 나타냄)
变 biàn	달라지다. 변화하다. 바뀌다
坏 huài	나쁘다. 고장나다. 썩다
银 yín	은. 은화(돈). 화폐와 관계 있는 것. 은색. 은빛
牌 pái	(~儿)간판. (~子, ~儿)상표. 일종의 오락용품(도박 도구가 많음). 표창을 위한 메달 따위
笑 xiào	웃다. 비웃다. 조소하다. 웃음(거리)
金 jīn	금속(금, 은, 동, 철, 주석 따위). 돈. 금. 황금. 귀중함. 진귀함을 비유. 금빛(의), 노란색(의)

- 铜 tóng 〈화학〉 동, 구리(금속원소의 하나)
- 下回 xià huí 이 다음, 다음 번 = 下次 xià cì
- 得到 dédào 손에 넣다, 되다, 얻다, 받다, (이룩)되다(목적어는 주로 2음절 이상의 복합어인 행위를 나타내는 명사가 쓰임)

Chapter 05

风景
乡村营
野海
大山
季节
沙漠
宇宙

自然和宇宙
zìrán hé yǔzhòu

자연과 우주

05

Chapter 05 风景

风景 fēngjǐng 풍경

坡 pō 언덕

牧场 mùchǎng 목장

果园 guǒyuán 과수원

莲池 liánchí 연못

自然和宇宙

Chapter 05 乡村

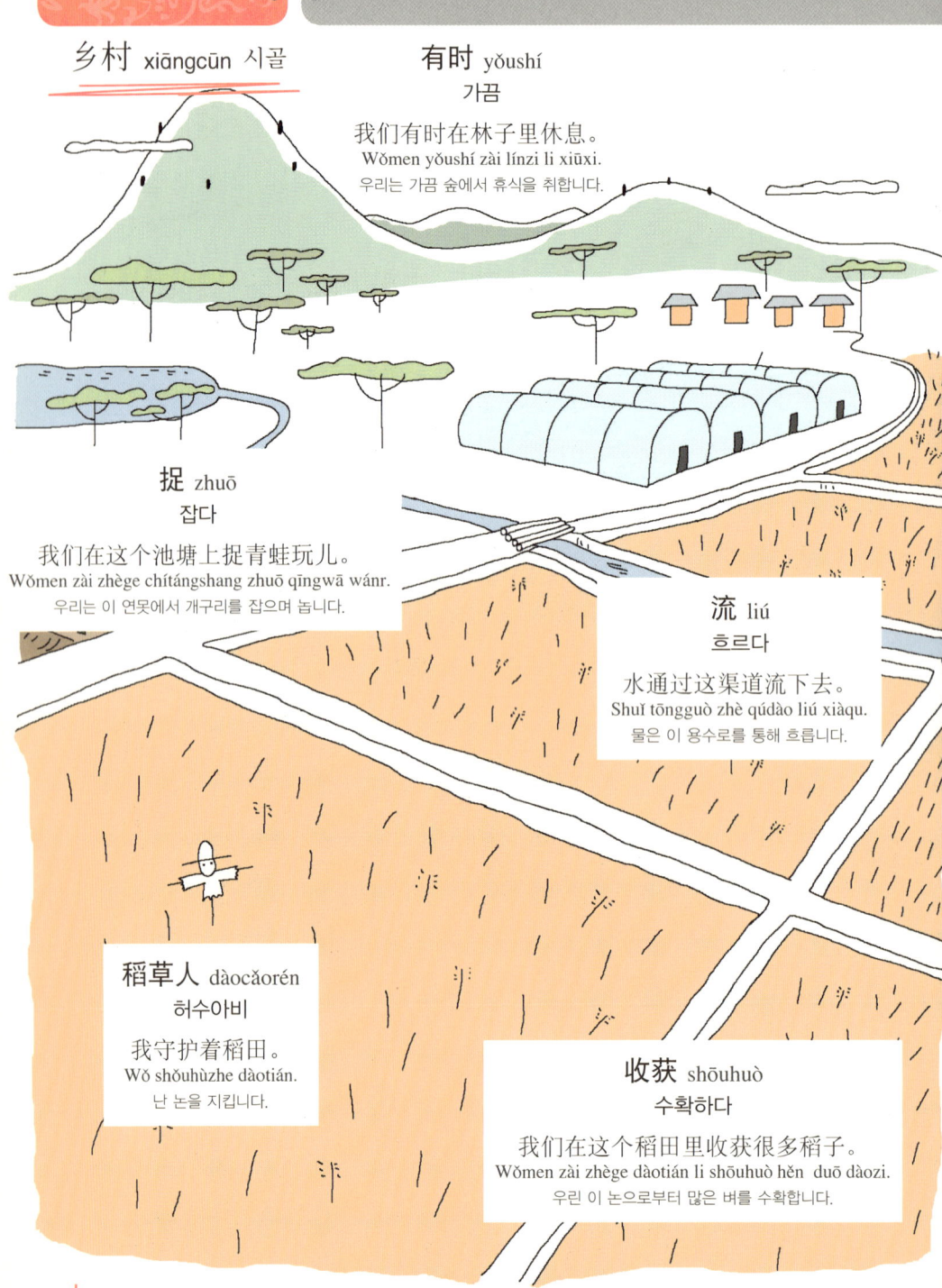

乡村 xiāngcūn 시골

有时 yǒushí
가끔
我们有时在林子里休息。
Wǒmen yǒushí zài línzi li xiūxi.
우리는 가끔 숲에서 휴식을 취합니다.

捉 zhuō
잡다
我们在这个池塘上捉青蛙玩儿。
Wǒmen zài zhège chítángshang zhuō qīngwā wánr.
우리는 이 연못에서 개구리를 잡으며 놉니다.

流 liú
흐르다
水通过这渠道流下去。
Shuǐ tōngguò zhè qúdào liú xiàqu.
물은 이 용수로를 통해 흐릅니다.

稻草人 dàocǎorén
허수아비
我守护着稻田。
Wǒ shǒuhùzhe dàotián.
난 논을 지킵니다.

收获 shōuhuò
수확하다
我们在这个稻田里收获很多稻子。
Wǒmen zài zhège dàotián li shōuhuò hěn duō dàozi.
우린 이 논으로부터 많은 벼를 수확합니다.

Chapter 05 野营

自然和宇宙

Chapter 05 大海

大海 dàhǎi 바다

灯塔晚上帮助船认清航线。
Dēngtǎ wǎnshang bāngzhù chuán rènqīng hángxiàn.
등대는 밤 동안 배들이 항로를 알 수 있도록 도와줍니다.

岛 dǎo
섬

灯塔 dēngtǎ
등대

在这座岛上人生存不了。
Zài zhè zuò dǎo shàng rén shēngcún bùliǎo.
이 섬에는 사람이 살 수 없어요!

我们用网抓鱼。
Wǒmen yòng wǎng zhuā yú.
우리는 그물로 물고기를 잡습니다.

渔船 yúchuán
어선

网 wǎng
그물

等着这个波涛了!
Děngzhe zhège bōtāo le!
이 파도를 기다리고 있었어!

我自己做的划船。
Wǒ zìjǐ zuò de huáchuán.
제 스스로 이 보트를 만들었답니다.

波涛 bōtāo
파도

筏子 fázi
뗏목

沙子 shāzi
모래

太阳伞 tàiyángsǎn
파라솔

太阳伞和沙子…。很完美！
Tàiyángsǎn hé shāzi…. Hěn wánměi!
파라솔과 모래…. 완벽해

自然和宇宙

Chapter 05 山

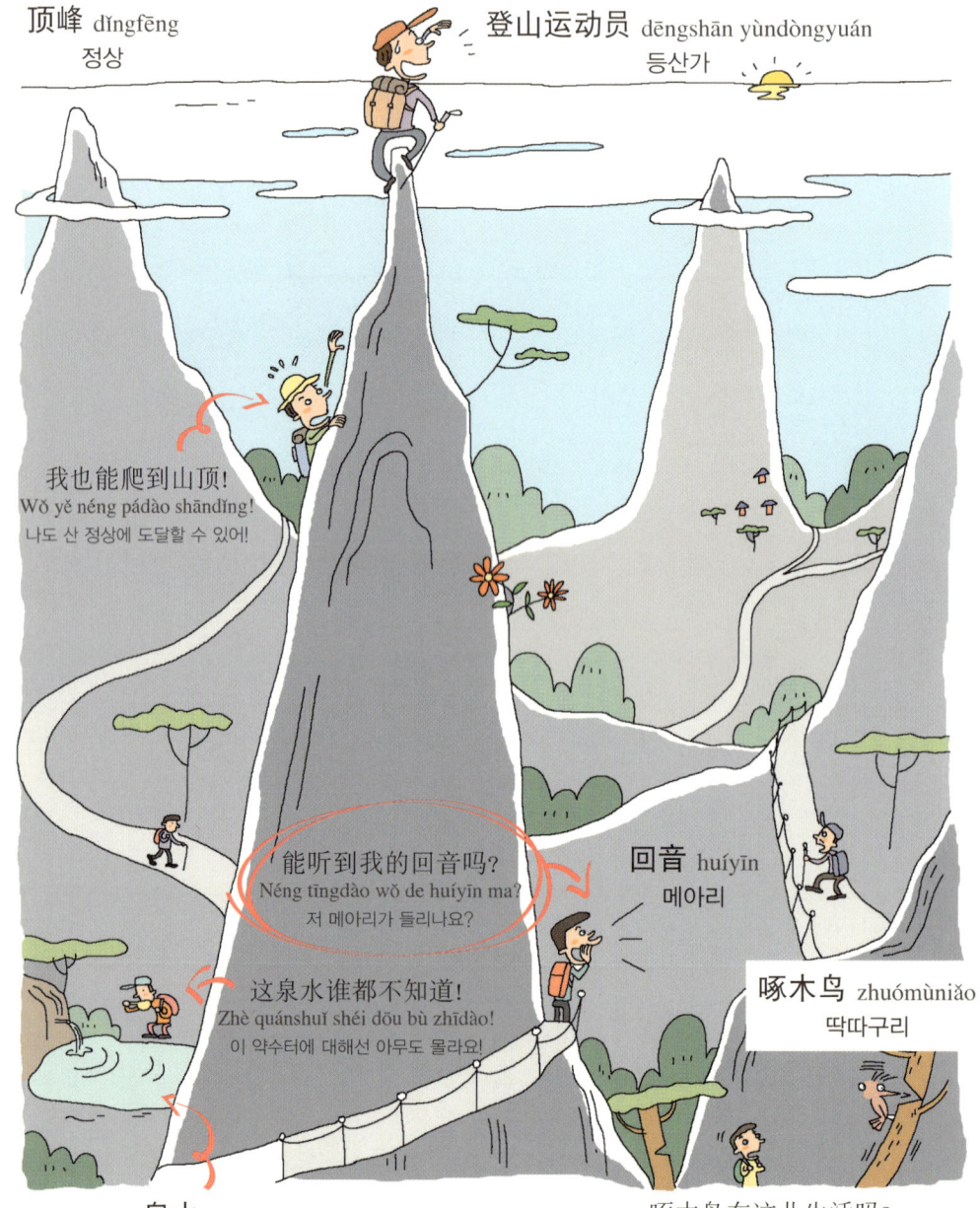

山 shān 산

在山顶上看日出非常漂亮!
Zài shāndǐng shàng kàn rìchū fēicháng piàoliang!
산 정상에서 일출을 보는 것은 아름답습니다!

顶峰 dǐngfēng
정상

登山运动员 dēngshān yùndòngyuán
등산가

我也能爬到山顶!
Wǒ yě néng pádào shāndǐng!
나도 산 정상에 도달할 수 있어!

能听到我的回音吗?
Néng tīngdào wǒ de huíyīn ma?
저 메아리가 들리나요?

回音 huíyīn
메아리

这泉水谁都不知道!
Zhè quánshuǐ shéi dōu bù zhīdào!
이 약수터에 대해선 아무도 몰라요!

啄木鸟 zhuómùniǎo
딱따구리

泉水 quánshuǐ
약수

啄木鸟在这儿生活吗?
Zhuómùniǎo zài zhèr shēnghuó ma?
딱따구리가 여기서 사나요?

自然和宇宙

Chapter 05 季节

季节 jìjié 계절

春天 chūntiān
봄

夏天 xiàtiān
여름

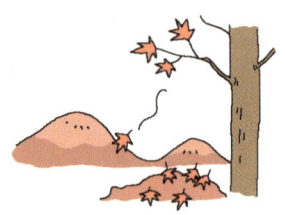
秋天 qiūtiān
가을

冬天 dōngtiān
겨울

淫雨 yínyǔ
장마

一月 yī yuè	二月 èr yuè	三月 sān yuè	四月 sì yuè
1월	2월	3월	4월
五月 wǔ yuè	六月 liù yuè	七月 qī yuè	八月 bā yuè
5월	6월	7월	8월
九月 jiǔ yuè	十月 shí yuè	十一月 shíyī yuè	十二月 shí'èr yuè
9월	10월	11월	12월

더 알아두기!!!

春风 chūnfēng 봄바람   初夏 chūxià 초여름
秋色 qiūsè 가을 경치   冬眠 dōngmián 겨울잠

自然和宇宙

雨 yǔ
비

下雨了。
Xià yǔ le.
비가 옵니다.

阵雨 zhènyǔ
소나기

身子浇湿了!
Shēnzi jiāoshī le!
몸이 젖었어!

打雷 dǎ léi
천둥치다

打了一宿雷。
Dǎle yìxiǔ léi.
밤새 천둥이 쳤어요.

闪电 shǎn diàn
번개

打闪了! 小心点儿!
Dǎ shǎn le! Xiǎoxīn diǎnr!
번개가 칩니다! 조심하세요!

雾 wù
안개

因为雾什么也看不见。
Yīnwèi wù shénme yě kàn bu jiàn.
안개 때문에 아무것도 볼 수가 없습니다.

强风 qiángfēng
강풍

我的伞坏了!
Wǒ de sǎn huài le!
내 우산이 고장 났어요!

雪 xuě
눈

下了十个小时雪了!
Xià le shí ge xiǎoshí xuě le!
10시간 동안 눈이 내리고 있습니다!

雹子 báozi
우박

昨天下雹子了。
Zuótiān xià báozi le.
어제 우박이 쏟아졌습니다.

阳光 yángguāng
햇빛

今天阳光明媚!
Jīntiān yángguāng míngmèi!
오늘은 햇빛이 밝은 날이군요!

风 fēng
바람

在刮风。
Zài guāfēng.
바람이 불고 있어요.

微风 wēifēng
산들바람

微风在吹。
Wēifēng zài chuī.
산들바람이 붑니다.

自然和宇宙

黄道十二宫 huángdào shí'èrgōng 황도십이궁

保瓶座 bǎopíngzuò,
水瓶座 shuǐpíngzuò
물병자리

双鱼座 shuāngyúzuò
물고기자리

白羊座 báiyángzuò
양자리

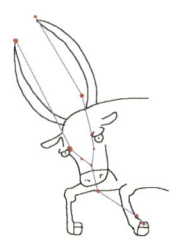

金牛座 jīnniúzuò
황소자리

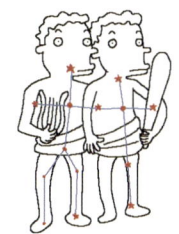

双子座 shuāngzǐzuò
쌍둥이자리

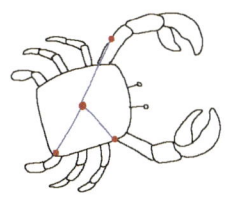

巨蟹座 jùxièzuò
게자리

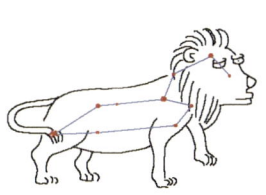

狮子座 shīzizuò
사자자리

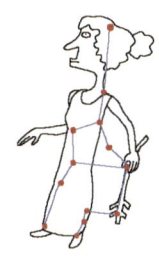

室女座 shìnǚzuò
처녀자리

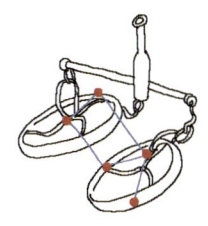

天称座 tiānchèngzuò
천칭자리

天蝎座 tiānxiēzuò
전갈자리

人马座 rénmǎzuò
궁수자리

摩羯座 mójiézuò
염소자리

Chapter 05 宇宙

宇宙 yǔzhòu 우주

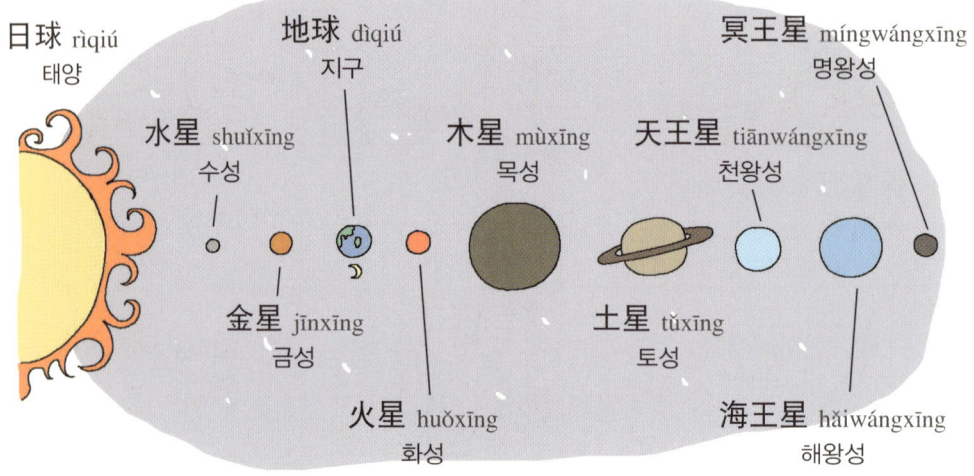

日球 rìqiú 태양
水星 shuǐxīng 수성
金星 jīnxīng 금성
地球 dìqiú 지구
火星 huǒxīng 화성
木星 mùxīng 목성
土星 tǔxīng 토성
天王星 tiānwángxīng 천왕성
海王星 hǎiwángxīng 해왕성
冥王星 míngwángxīng 명왕성

太阳系 tàiyángxì
태양계

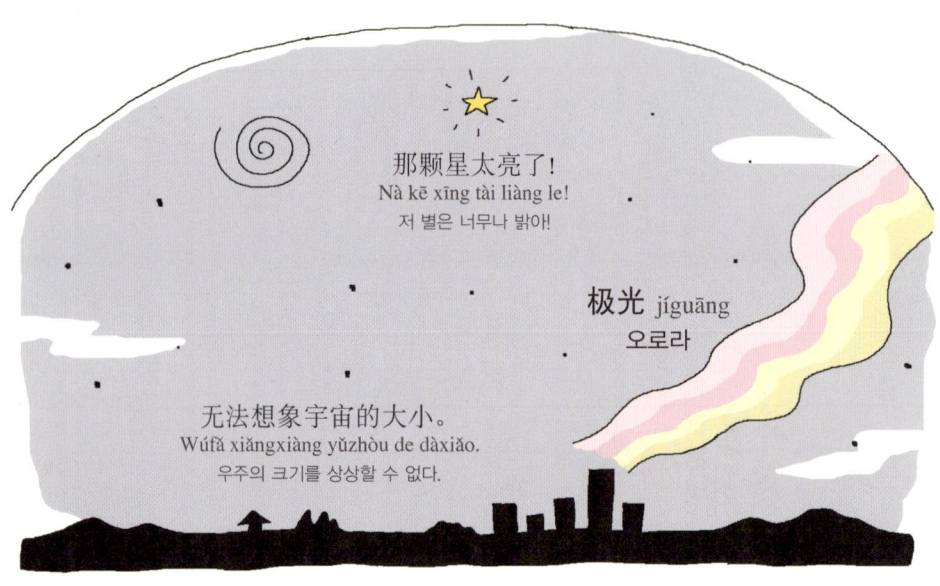

那颗星太亮了!
Nà kē xīng tài liàng le!
저 별은 너무나 밝아!

极光 jíguāng
오로라

无法想象宇宙的大小。
Wúfǎ xiǎngxiàng yǔzhòu de dàxiǎo.
우주의 크기를 상상할 수 없다.

自然和宇宙

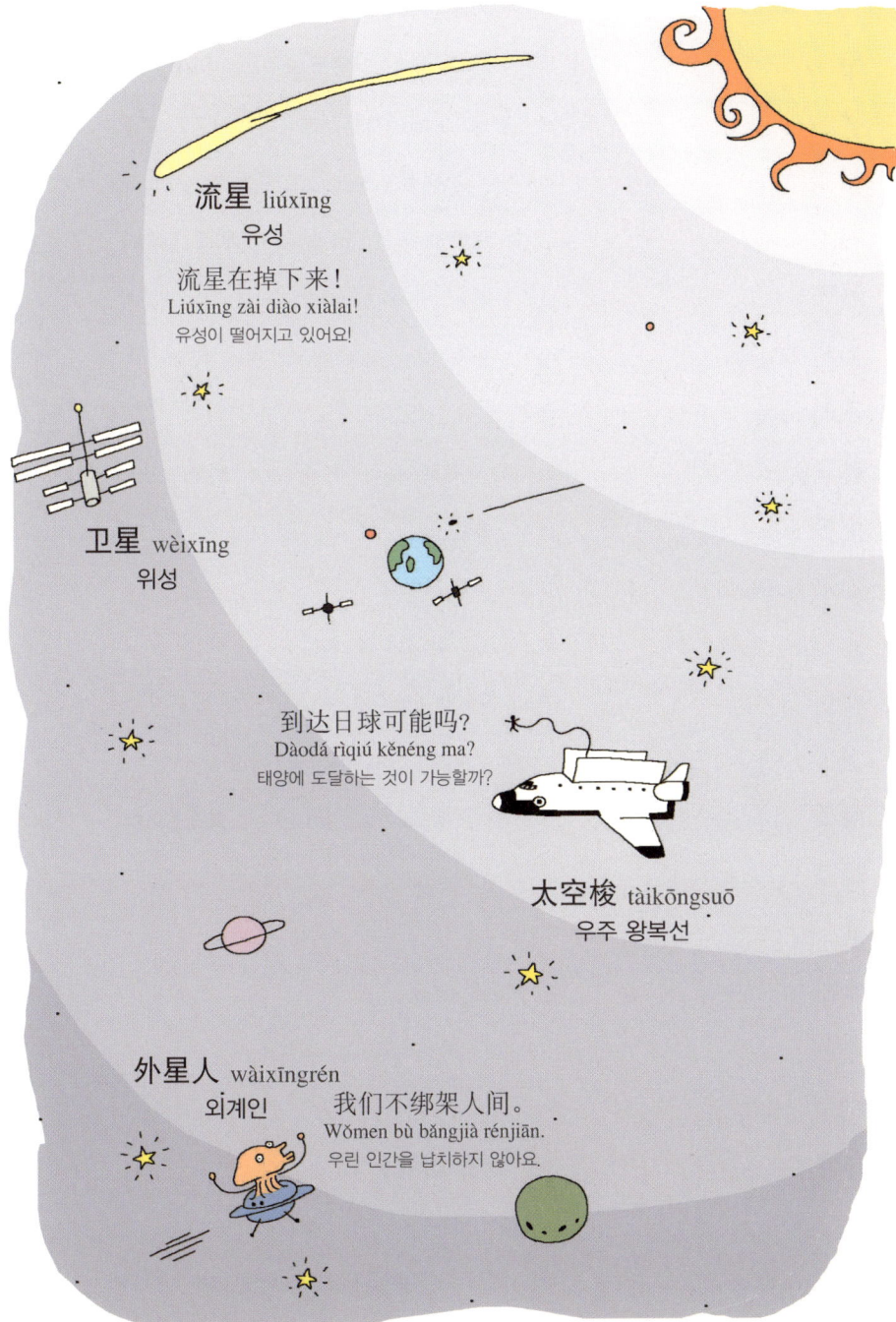

流星 liúxīng
유성

流星在掉下来!
Liúxīng zài diào xiàlai!
유성이 떨어지고 있어요!

卫星 wèixīng
위성

到达日球可能吗?
Dàodá rìqiú kěnéng ma?
태양에 도달하는 것이 가능할까?

太空梭 tàikōngsuō
우주 왕복선

外星人 wàixīngrén
외계인

我们不绑架人间。
Wǒmen bù bǎngjià rénjiān.
우린 인간을 납치하지 않아요.

147

Chapter 05 自然和宇宙

- 海洋 hǎiyáng — 대양 = 大洋 dàyáng
- 港 gǎng — 항구 = 港口 gǎngkǒu, 港湾 gǎngwān, 口岸 kǒu'àn
- 林 lín — 숲 = 树林 shùlín, 林丛 líncóng
- 果园 guǒyuán — 과수원 = 果树园 guǒshùyuán, 果木园 guǒmùyuán
- 莲池 liánchí — 연못 = 莲塘 liántáng, 藕池 ǒuchí, 水塘 shuǐtáng
- 瀑布 pùbù — 폭포 = 瀑 pù, 水帘 shuǐlián,
- 乡村 xiāngcūn — 시골 = 乡下 xiāngxià, 乡间 xiāngjiān, 村 cūn
- 不时 bùshí — 가끔
- 林子 línzi — 숲, 삼림 = 有时 yǒushí, 时而 shí'ěr, 间或 jiànhuò
- 把握 bǎwò — 잡다 = 拿住 názhù, 挽 wǎn, 捉 zhuō, 接 jiē
- 池塘 chítáng — (비교적 작고 얕은) 못
- 水 shuǐ — 물. 강, 호수, 바다 따위의 통칭
- 通过 tōngguò — (한쪽에서 다른 쪽으로) 건너가다, 지나가다, 통과하다
- 流 liú — 흐르다 = 流淌 liútǎng, 淌 tǎng, 流逝 liúshì
- 水渠 shuǐqú — 용수로 = 渠埂 qúgěng, 沟渠 gōuqú, 渠道 qúdào
- 稻草人 dàocǎorén — 허수아비 = 草人 cǎorén
- 看 kān — 지키다
- 水田 shuǐtián — 논 = 稻田 dàotián
- 收割 shōugē — 수확하다 = 收获 shōuhuò, 年谷 niángǔ
- 稻子 dàozi — 〈식물〉 벼
- 较量 jiàoliàng — 겨루다 = 比 bǐ, 竞争 jìngzhēng
- 抓 zhuā — 잡다. 긁다. 할퀴다
- 不到 bú dào — 미치지 못하다. 부족하다. 동작이 어떤 위치

□ 瞧 qiáo	보다, 구경하다, 읽다, 판단하다, 생각하다
□ 今年 jīnnián	금년, 올해
□ 获得 huòdé	획득하다, 얻다(주로 추상적인 것에 쓰임)
□ 丰收 fēngshōu	풍작
□ 走运 zǒuyùn	운이 좋다, 운수가 트이다
□ 野营 yěyíng	야영 = 露营 lùyíng, 露宿 lùsù, 扎营 zhāyíng
□ 躲 duǒ	숨다 = 藏 cáng, 伏 fú, 隐藏 yǐncáng
□ 帐篷 zhàngpéng	텐트 = 帐幕 zhàngmù, 营帐 yíngzhàng
□ 外面 wàimian	바깥, 밖, 겉면
□ 巢 cháo	둥지 = 窝 wō, 巢穴 cháoxué, 窠 kē
□ 走开 zǒukāi	떠나다, 물러나다, 비키다, 피하다
□ 柴火 cháihuo	장작 = 木柴 mùchái, 劈柴 pǐchái, 柴把 cháibǎ
□ 营火 yínghuǒ	모닥불 = 篝火 gōuhuǒ
□ 燃烧 ránshāo	연소(하다)
□ 铁支子 tiězhīzi	석쇠 = 铁箅子 tiěbìzi, 炙子 zhìzi
□ 烤 kǎo	(불에) 굽다, 불에 쬐여 말리다, (불을) 쪼이다, 쬐다
□ 肉 ròu	고기, (사람, 동물의) 살, 과육, 과실의 살
□ 也 yě	판단, 결정, 의문, 반문의 어기를 표시함.
□ 开玩笑 kāiwánxiào	농담을 하다, 웃기다, 놀리다, 장난으로 여기다(하다)
□ 演奏 yǎnzòu	연주하다 = 奏 zòu, 奏乐 zòuyuè, 弹奏 tánzòu
□ 吉他 jítā	기타
□ 不行 bù xíng	안 된다, 쓸모없다, 적당하지 않다
□ 怕 pà	무서워하다, 두려워하다, 근심하다, 염려하다

Chapter 05 自然和宇宙

害羞 hàixiū	부끄러워하다, 수줍어하다
活 huó	살다, 생존하다, 생활하다, 산 채로, 살아 있는 채로
干 gàn	사물의 주체 또는 중요한 부분, 줄기, 간부, (일을) 하다, 유능하다, 담당하다, 종사하다, 맡다, 볼일, 용무
不干 bùgān	상관이 없다, 서로 관계가 없다
那么 nàme	그렇게, 저렇게, 그런, 저런
弹 tán	튕기다, 발사하다
弹 dàn	(대포, 총 따위의) 탄환, 작은 덩어리, 둥근 알
怎么样 zěnmeyàng	('不~'의 형태로 쓰여) 별로(그리) ~않다, 어떻게 하다, 어떠하냐, 어떻게(성질, 상황, 방식 따위를 물음)
座 zuò	자리, 좌석, 받침(대), 좌대〈천문기상〉별자리, 성좌
生存 shēngcún	생존, 생존하다　＝ **存活** cúnhuó, **生活** shēnghuó
帮助 bāngzhù	돕다, 원조하다, 보좌하다, 도움, 원조, 보조, 충고
船 chuán	배, 선박
认清 rènqīng	똑똑히 알다, 확실히 이해(인식)하다, 분명히 가리다(알다)
航线 hángxiàn	(배, 비행기의) 항로
筏子 fázi	뗏목 ＝ **排筏** páifá, **木排** mùpái
划船 huáchuán	보트 ＝ **艇** tǐng
太阳伞 tàiyángsǎn	파라솔
完美 wánměi	완벽하다, 매우 훌륭하다
追 zhuī	뒤따르다, 따라잡다, 캐다
海中 hǎizhōng	바다 속
之王 zhī wáng	~의 제왕, 어느 분야의 권위자
大家伙 dàjiāhuo	큰 놈, 모두들, 여러 사람

大伙儿 dàhuǒr	(구어) 모두들, 여러 사람
家伙 jiāhuo	가구(=家具 jiājù) 타악기, 병기, 공구, 도구 따위. 식기, 그릇. 수갑, 족쇄, 쇠고랑. 녀석, 자식
憋 biē	참다 = 压 yā, 禁 jīn, 忍 rěn
水压 shuǐyā	수압
憋气 biēqì	숨이 막히다. 답답하다. 속을 썩이다
目标 mùbiāo	목표, 목적물, 표적
打破 dǎpò	타파하다, 때려 부수다. (북방어) 잔돈으로 바꾸다
新纪录 xīnjìlù	신기록
咸 xián	(맛이) 짜다, 소금기가 있다 (문어) 전부, 모두
没事儿 méi shìr	일이 없다. 용건이 없다. 한가하다
登山 dēngshān	등산(하다) = 爬山 páshān
运动员 yùndòngyuán	〈체육〉 운동선수, (선거 따위의) 운동원
山顶 shāndǐng	산정, 산꼭대기 = 山尖儿 shānjiānr, 山头 shāntóu
日出 rìchū	일출(하다)
漂亮 piàoliang	아름답다, 훌륭하다, 깔끔하다
回音 huíyīn	메아리 = 回响 huíxiǎng, 回声 huíshēng
迷路 mílù	길을 잃다. 잘못된 길로 들어서다. 미로, 미궁
不知道 bù zhīdào	모르다, ~할 줄 모르다
	= (북방어) 知不道 모르다, 알지 못하다
啄木鸟 zhuómùniǎo	딱따구리
挑战 tiǎozhàn	(적, 일, 기록, 경신 따위에) 도전(하다)
	= 索战 suǒzhàn 싸움을 걸다, 도전하다
自然 zìrán	자연, 천연, (부사) 저절로, 자연히, (부사) 물론, 응당

Chapter 05 自然和宇宙

自然 zìran	자연스럽다, 꾸밈이 없다
专业 zhuānyè	전공, 학과, 전문적인 업무, 전문
猎手 lièshǒu	사냥꾼 = **猎户** lièhù, **猎人** lièrén
种 zhǒng	종, 품종, 씨, 씨앗, 종자
清楚 qīngchu	분명하다, 명확하다, 뚜렷하다
近 jìn	가깝다, 접근하다, 비슷하다
走近 zǒujìn	다가가다, 다가오다, 가까워지다
轻声 qīngshēng	〈언어〉경성(중국어에서 일정한 소리의 높낮이가 없고 짧고 약하게 내는 성조), 작은 소리, 가는 소리, 소리를 낮추다
说 shuō	말하다, 설명하다, 설득하다
一百 yìbǎi	백, 100
遍 biàn	두루 퍼지다, 보편적으로 ~하다
放心 fàngxīn	마음을 놓다, 안심하다
秋色 qiūsè	가을 경치 = **秋景** qiūjǐng
阵雨 zhènyǔ	소나기 = **急雨** jíyǔ, **骤雨** zhòuyǔ
浇 jiāo	뿌리다, 끼얹다, 물을 대다(주다)
湿 shī	질벅하다, 축축하다, 습하다, 적시다, 〈중국 의학〉습기
浇湿 jiāoshī	물을 부어 적시다, 비를 맞아 젖다
成宿 chéngxiǔ	밤새 = **通宿** tōngxiǔ, **整夜** zhěngyè
闪电 shǎndiàn	번개 = **雷鞭** léibiān, **迅电** xùndiàn
强风 qiángfēng	강풍 = **烈风** lièfēng, **疾风** jífēng
伞 sǎn	우산, 양산, 우산 모양의 물건
雹子 báozi	우박 = **冰雹** bīngbáo

☐ 阳光 yángguāng	햇빛 = **日光** rìguāng, **天光** tiānguāng, **太阳** tàiyáng
☐ 明媚 míngmèi	맑고 아름답다. (눈동자가) 빛나고 매력적이다
☐ 刮 guā	깎다, 밀다, 바르다
☐ 刮风 guā fēng	바람이 불다
☐ 微风 wēifēng	산들바람 = **和风** héfēng, **轻风** qīngfēng
☐ 吹 chuī	(바람이) 불다, 입으로 힘껏 불다, 숨을 내뿜다
☐ 热 rè	〈물리〉 열, 덥다, 뜨겁다, 덥히다, 데우다
☐ 不该 bù gāi	~해서는 안 된다
☐ 巨大 jùdà	굉장하다
☐ 经验 jīngyàn	경험, 경험하다, 겪다, 체험하다
☐ 那儿 nàr	그곳, 그때
☐ 沙泉 shāquán	오아시스 = **绿洲** lǜzhōu, **泉地** quándì
☐ 等着 děngzhe	기다리고 있다, 기다려서 ~하다
☐ 幻影 huànyǐng	환영 = **幻像** huànxiàng, **镜花水月** jìnghuāshuǐyuè
☐ 蝎子 xiēzi	전갈 = **蝎** xiē, **虿** chài, **全蝎** quánxiē
☐ 宏伟 hóngwěi	거대하다
☐ 真是 zhēnshì	정말, 참(불만의 감정을 나타냄), 정말, 사실상
☐ 不可思议 bùkěsīyì	불가사의
☐ 太阳 tàiyáng	태양 = **日球** rìqiú
☐ 金星 jīnxīng	금성 = **启明星** qǐmíngxīng
☐ 木星 mùxīng	목성 = **岁星** suìxīng, **福星** fúxīng
☐ 土星 tǔxīng	토성 = **镇星** zhènxīng
☐ 颗 kē	알, 방울(둥글고 작은 알맹이 모양과 같은 것을 세는 데 쓰임)

Chapter 05 自然和宇宙

星 xīng	(지구, 달, 태양 따위를 제외한) 별, 천체, 별 모양의 것, 장군표지(직위), (연예계, 스포츠 따위의) 스타
亮 liàng	밝다, 환하다, 빛을 내다, 밝히다
无法 wúfǎ	(~할) 방법이(도리가) 없다, ~할 수 없다, 무법이다, 난폭하다
想象 xiǎngxiàng	상상(하다) = 想像 xiǎngxiàng
想像 xiǎngxiàng	어른과 아이, (친족 간의) 존비, 상하, (~儿)크기
	= 大小 dàxiǎo
流星 liúxīng	유성 = 游星 yóuxīng, 行星 xíngxīng
掉 diào	(아래로) 떨어지다, 뒤에 처지다
下来 xiàlai	내려오다, 나오다, 생기다, 지나다, 끝나다
到达 dàodá	도착하다, 도달하다
可能 kěnéng	가능성, 아마(~일지도 모른다)
太空梭 tàikōngsuō	우주 왕복선 = 太空穿梭机 tàikōngchuānsuōjī
外星人 wàixīngrén	외계인 = 宇宙人 yǔzhòurén
绑架 bǎngjià	납치하다, 인질로 잡다, 받침대를 세우다
人间 rénjiān	(인간) 세상, 속세, (인간) 사회

지금까지 공부한 내용을 정리해 보세요.

生活在自然的动物
자연에 사는 동물

老虎 lǎohǔ, **虎** hǔ
호랑이

熊猫 xióngmāo
팬더

北极熊 běijíxióng
백곰

熊 xióng
곰

狮子 shīzi
사자

大猩猩 dàxīngxing
고릴라

猴子 hóuzi
원숭이

树袋熊 shùdàixióng
코알라

袋鼠 dàishǔ
캥거루

兔子 tùzi
토끼

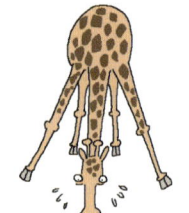
长颈鹿 chángjǐnglù
기린

斑马 bānmǎ
얼룩말

骆驼 luòtuó
낙타

猪 zhū
돼지

Chapter 05

刁黄 diāohuáng
오소리

鹿 lù
사슴

野猪 yězhū
멧돼지

貉子 háozi, 狸 lí
너구리

狐狸 húli, 狐 hú
여우

狼 láng, 豺 chái
늑대

松鼠(儿) sōngshǔ(r)
다람쥐

羊 yáng
양

马 mǎ
말

牛 niú
소

河马 hémǎ
하마

犀牛 xīniú
코뿔소

(大)象 (dà)xiàng
코끼리

鸭嘴兽 yāzuǐshòu
오리너구리

树懒 shùlǎn
나무늘보

生活在自然的动物
자연에 사는 동물

金鱼 jīnyú, **文鱼** wényú
금붕어

鲤鱼 lǐyú, **鲤子** lǐzi
잉어

蛤蚌 gébàng, **贝** bèi
조개

鳗鱼 mányú
장어

泥鳅 níqiū
미꾸라지

虾 xiā
새우

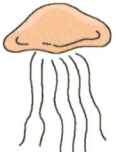
海蜇 hǎizhé
해파리

章鱼 zhāngyú
문어

鱿鱼 yóuyú
오징어

鲫鱼 jìyú, **鲋鱼** fùyú
붕어

热带鱼 rèdàiyú
열대어

Chapter 05

螃蟹 pángxiè
게

乌龟 wūguī
거북이

海马 hǎimǎ
해마

牡蛎 mǔlì, 蚝 háo
굴

鳐 yáo, 鳐鱼 yáoyú
가오리

金枪鱼 jīnqiāngyú
참치

鲭鱼 qīngyú
고등어

鲷鱼 diāoyú
도미

饿鬼 èguǐ, 馋鬼 chánguǐ
아귀

河豚 hétún, 鲑 guī
복어

沙丁鱼 shādīngyú
정어리

大麻哈鱼 dàmáhāyú
연어

海豚 hǎitún, 海猪 hǎizhū
돌고래

鲨鱼 shāyú, 沙鱼 shāyú
상어

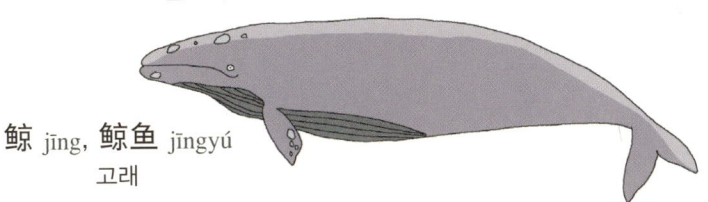
鲸 jīng, 鲸鱼 jīngyú
고래

生活在自然的动物
자연에 사는 동물

雄鹰 xióngyīng
독수리

鹰 yīng, 苍鸟 cāngniǎo
매

老鹰 lǎoyīng
솔개

燕子 yànzi
제비

麻雀 máquè, 雀 què
참새

云雀 yúnquè, 阿鹨 āliù
종다리

黄莺 huángyīng,
꾀꼬리

鹊 què, 喜鹊 xǐque
까치

野鸡 yějī, 雉鸡 zhìjī
꿩

公鸡 gōngjī, 雄鸡 xióngjī
수탉

子鸡 zǐjī, 小雏儿 xiǎochúr
병아리

鸭 yā, 鸭子 yāzi
오리

Chapter 05

鹅 é, 鹅子 é(zi)
거위

天鹅 tiāné
백조

鹤 hè, 仙鹤 xiānhè
학

苍鹭 cānglù
왜가리

鹳 guàn, 白鹳 báiguàn
황새

鸱鸮 chīxiāo
올빼미

布谷(鸟) bùgǔ(niǎo)
뻐꾸기

孔雀 kǒngquè
공작

驼鸟 tuóniǎo,
鸵鸟 tuóniǎo
타조

企鹅 qǐ'é
펭귄

161

生活在自然的动物
자연에 사는 동물

蛇 shé
뱀

青蛙 qīngwā, 田鸡 tiánjī
개구리

蟾蜍 chánchú
두꺼비

鳄鱼 èyú
악어

四脚蛇 sìjiǎoshé
도마뱀

微菌 wēijūn
박테리아

蜗牛 wōniú
달팽이

蝌蚪 kēdǒu
올챙이

蚯蚓 qūyǐn
지렁이

蝎 xiē, 蝎子 xiēzi
전갈

蜘蛛 zhīzhū
거미

壤虫 rǎngchóng
애벌레

蝲蛄 làgǔ, 螯虾 áoxiā
가재

珊瑚 shānhú
산호

海盘星 hǎipánxīng
불가사리

Chapter 05

蚱蜢 zhàměng
메뚜기

蜜蜂 mìfēng
꿀벌

马蜂 mǎfēng
말벌

苍蝇 cāngying, 蝇 yíng
파리

蚊 wén, 蚊子 wénzi
모기

蟑螂 zhānglang
바퀴벌레

蚤 zǎo, 跳蚤 tiàozao
벼룩

蚤 zǎo, 跳蚤 tiàozao
벼룩

蚂蚁 mǎyǐ, 蚁 yǐ
개미

蛾 é, 蛾子 ézi
나방

蝴蝶 húdié
나비

蜻蜓 qīngtíng
잠자리

金龟子 jīnguīzǐ
풍뎅이

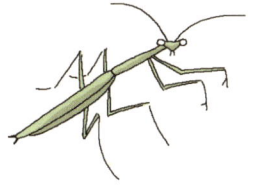
步行虫 bùxíngchóng
사마귀

蝉 chán, 知了 zhīliǎo
매미

163

Chapter 06

城市
街
交通堵车, 博物馆
游乐园, 水族馆
百货商店
邮局, 银行
剧场, 餐厅
便利商店
医院

大都市
dàdūshì
대도시

06

Chapter 06 城市

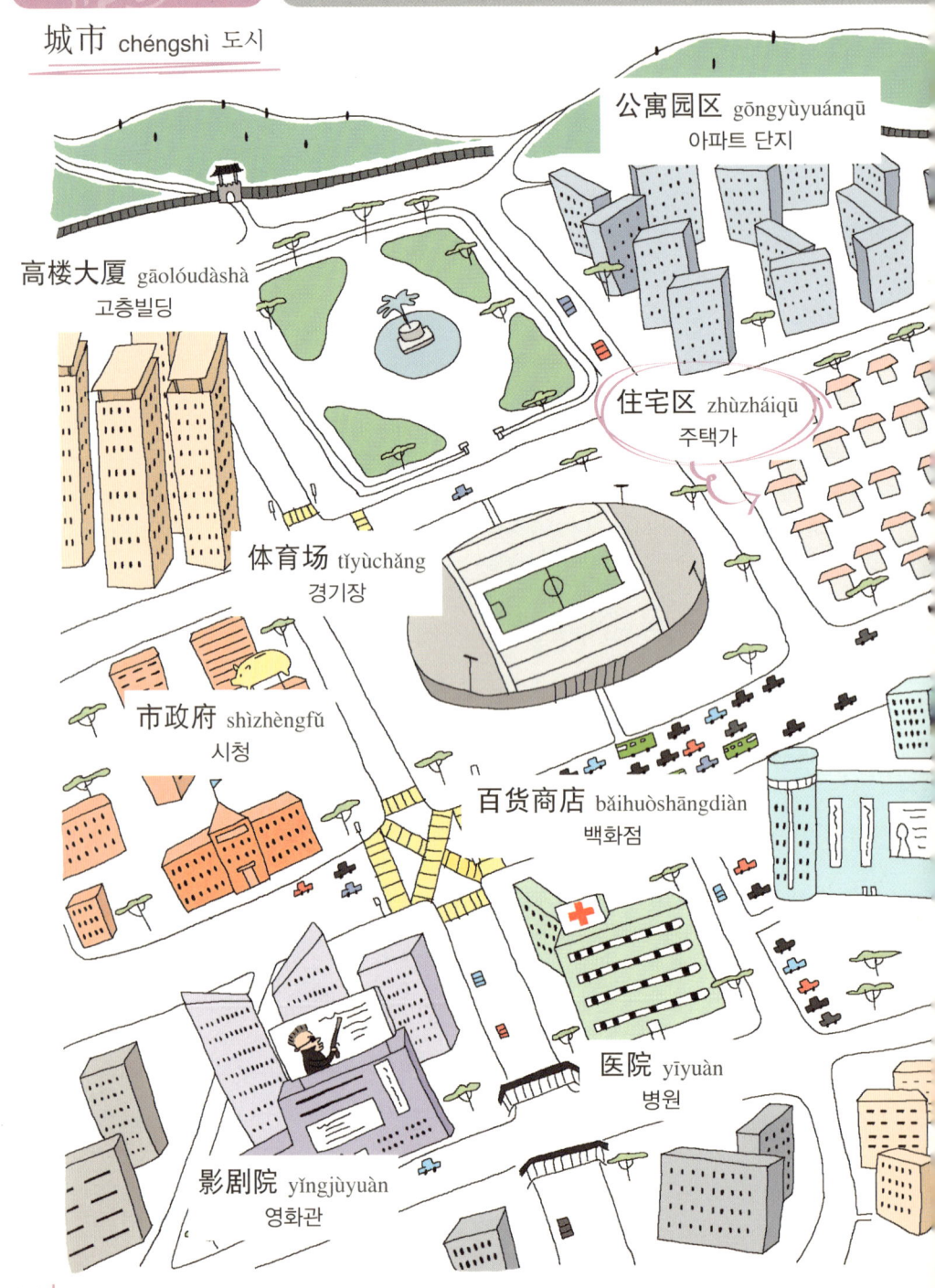

城市 chéngshì 도시

公寓园区 gōngyùyuánqū 아파트 단지

高楼大厦 gāolóudàshà 고층빌딩

住宅区 zhùzháiqū 주택가

体育场 tǐyùchǎng 경기장

市政府 shìzhèngfǔ 시청

百货商店 bǎihuòshāngdiàn 백화점

医院 yīyuàn 병원

影剧院 yǐngjùyuàn 영화관

大都市

Chapter 06 街

街 jiē 거리

公用电话 gōngyòngdiànhuà
공중전화

我们等了三十分钟了。
Wǒmen děngle sānshí fēnzhōng le.
우린 30분 동안 기다리고 있어요.

垃圾箱 lājīxiāng
쓰레기통

请把垃圾扔在垃圾箱里。
Qǐng bǎ lājī rēngzài lājīxiāng li.
쓰레기는 쓰레기통에 버려주세요.

公共汽车站 gōnggòngqìchēzhàn
버스정류장

我们得坐那辆公共汽车。
Wǒmen děi zuò nà liàng gōnggòngqìchē.
우린 저 버스를 타야 해.

不要违反规则!
Bú yào wěifǎn guīzé!
교통규칙을 위반하지 마세요!

摊子 tānzi
노점

肚子饱了。
Dùzi bǎo le.
배가 불러요.

交通警察 jiāotōngjǐngchá
교통경찰

大都市

Chapter 06 交通堵车, 博物馆

交通堵车 jiāotōng dǔchē 교통체증

大都市

水族馆 shuǐzúguǎn 수족관

大厦 dàshà
빌딩

Chapter 06 百货商店

百货商店 bǎihuòshāngdiàn 백화점

5F 日常用品 rìcháng yòngpǐn 일상용품

4F 运动用品 yùndòng yòngpǐn 스포츠 용품
儿童服装 értóng fúzhuāng 어린이복

3F 男性服装 nánxìng fúzhuāng 남성복

2F 女性服装 nǚxìng fúzhuāng 여성복

1F 化妆品 huàzhuāngpǐn 화장품
皮货 píhuò 가죽제품
鞋类 xiélèi 신발류

B1 食品店 shípǐndiàn 식품점
美食街 měishíjiē 식당가

大都市

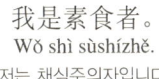

我是素食者。
Wǒ shì sùshízhě.
저는 채식주의자입니다.

给您塑料袋还是给您纸袋?
Gěi nín sùliàodài háishi gěi nín zhǐdài?
비닐봉지를 드릴까요 아님 종이봉지를 드릴까요?

这是新产品。
Zhè shì xīn chǎnpǐn.
이것은 신제품입니다.

太紧了⋯。
Rài jǐn le⋯.
너무 꽉 끼네요⋯.

试一下别的号吧。
Shì yíxià biéde hào ba.
다른 사이즈 입어보세요.

非常舒服!
Fēicháng shūfu!
매우 편안하군요!

在这儿可以睡午觉。
Zài zhèr kěyǐ shuì wǔjiào.
여기서 낮잠도 잘 수 있답니다.

这产品有质量保证书吗?
Zhè chǎnpǐn yǒu zhìliàng bǎozhèngshū ma?
이 제품은 품질보증서가 있나요?

有一年的保证书。
Yǒu yì nián de bǎozhèngshū.
1년의 품질보증서가 있습니다.

Chapter 06 邮局，银行

邮局 yóujú 우체국

信 xìn 편지

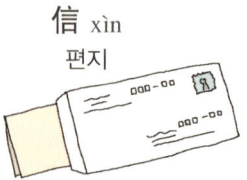

邮递员 yóudìyuán 우편집배원

快信 kuàixìn 속달 우편

给好朋友写封信吧。
Gěi hǎopéngyou xiě fēng xìn ba.
소중한 친구에게 편지를 쓰세요.

我送邮件。
Wǒ sòng yóujiàn.
나는 우편을 배달해요.

非常快。
Fēicháng kuài.
굉장히 빨라요.

发信人 fāxìnrén 발신인

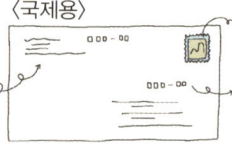

邮票 yóupiào 우표

邮政编码 yóuzhèngbiānmǎ 우편번호

收信人 shōuxìnrén 수신인

信箱 xìnxiāng 우체통

今晚你会收到包裹!
Jīn wǎn nǐ huì shōudào bāoguǒ!
넌 오늘 밤 소포를 받을 거야!

明信片(儿) míngxìnpiàn(r) 엽서

包裹 bāoguǒ 소포

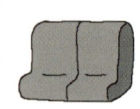

需要帮忙吗?
Xūyào bāngmáng ma?
무엇을 도와드릴까요?

我想用快递往美国寄一个包裹!
Wǒ xiǎng yòng kuàidì wǎng Měiguó jì yí gè bāoguǒ!
속달로 미국에 이 소포를 배송하고 싶어요!

Chapter 06 剧场，餐厅

剧场 jùchǎng 극장

明天我会离开你!
Míngtiān wǒ huì líkāi nǐ!
난 내일 당신을 떠날 겁니다!

不行! 求求你不要这样!
Bù xíng! Qiúqiú nǐ bú yào zhèyàng!
안 돼요! 제발 그러지 마세요!

舞台 wǔtái 무대

售票处 shòupiàochù 매표소

服务处 fúwùchù 안내소

寄存处 jìcúnchù 보관소

小卖部 xiǎomàibù 매점

请给两张票。
Qǐng gěi liǎng zhāng piào.
티켓 두 장만 주세요.

给保管一下好吗?
Gěi bǎoguǎn yíxià hǎo ma?
이것 좀 보관해줄 수 있나요?

有爆米花吗?
Yǒu bàomǐhuā ma?
팝콘 있나요?

我们配合得很好。
Wǒmen pèihe de hěn hǎo.
우린 호흡이 잘 맞아요.

演奏会场 yǎnzòuhuìchǎng
연주회장

大都市

餐厅 cāntīng 레스토랑

几位(啊)?
Jǐ wèi a?
몇 분이신가요?

五位。
Wǔ wèi.
다섯 명이요.

跑堂儿的 pǎotángrde
웨이터

客(人) kè(rén)
손님

前菜 qiáncài
전채

先吃开胃菜吗?
Xiān chī kāiwèicài ma?
식사 전에 전채부터 드실래요?

尾食 wěishí
디저트, 후식

吃完了吗? 要不要来尾食?
Chīwán le ma? Yào bu yào lái wěishí?
다 드셨나요? 디저트를 드시겠어요?

法国菜 Fǎguó cài
프랑스 음식

想尝(一)尝法国菜吗?
Xiǎng cháng (yi) cháng Fǎguó cài ma?
프랑스 음식을 드셔보시겠어요?

日本风味 Rìběn fēngwèi
일본 음식

对不起, 没有日本菜。
Duìbuqǐ, méiyǒu Rìběn cài.
죄송합니다. 일본 요리는 없습니다.

中餐 zhōngcān
중국 음식

我们这儿还有中餐。
Wǒmen zhèr háiyǒu zhōngcān.
우린 중국 요리도 있답니다.

意大利风味 Yìdàlì fēngwèi
이탈리아 음식

意大利菜是我们的专业。
Yìdàlì cài shì wǒmen de zhuānyè.
이탈리아 음식은 우리 전문이죠.

吃好了吗?
Chīhǎo le ma?
식사는 어땠나요?

吃好了! 谢谢!
Chīhǎo le! Xièxie!
좋았어요! 고맙습니다!

Chapter 06 便利商店

便利商店 biànlìshāngdiàn 편의점

大都市

方便面 fāngbiànmiàn
인스턴트 라면

厨具 chújù
주방용품, 취사 도구

面巾纸 miànjīnzhǐ
티슈

干电池 gāndiànchí
건전지

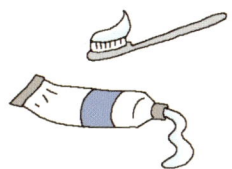

牙刷(儿, 子) yáshuā(r, zi)
칫솔, 치약

糊料 húliào
접착제

便条(儿) biàntiáo(r)
메모

饼干 bǐnggān
과자

饮料 yǐnliào
음료

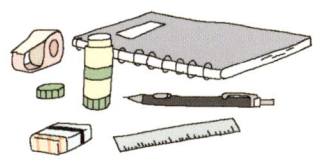

文具类 wénjùlèi
문구류

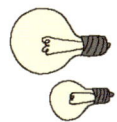

电灯泡(儿) diàndēngpào(r)
전구

181

Chapter 06 医院

医院 yīyuàn 병원

Chapter 06 大都市

- **城市** chéngshì — 도시 = 都市 dūshì
- **公寓园区** gōngyùyuánqū — 아파트 단지 = 集体园区 jítǐyuánqū
- **赛场** sàichǎng — 경기장 = 竞技场 jìngjìchǎng, 体育场 tǐyùchǎng
- **市政府** shìzhèngfǔ — 시청 = 市厅 shìtīng
- **百货商店** bǎihuòshāngdiàn — 백화점 = 百货公司 bǎihuògōngsī, 百货店 bǎihuòdiàn
- **医院** yīyuàn — 병원 = 病院 bìngyuàn
- **电影院** diànyǐngyuàn — 영화관 = 影戏馆 yǐngxìguǎn, 影院 yǐngyuàn
- **寺** sì — 절 = 庙 miào, 寺庙 sìmiào, 寺院 sìyuàn
- **警察署** jǐngcháshǔ — 경찰서 = 区署 qūshǔ
- **饭店** fàndiàn — 호텔 = 酒店 jiǔdiàn, 宾馆 bīnguǎn
- **半点钟** bàn diǎn zhōng — 30분, 반시간
  = 半个钟头 bàn ge zhōngtóu, 三十分钟 sānshí fēnzhōng
- **垃圾桶** lājītǒng — 쓰레기통
  = 垃圾箱 lājīxiāng, 果皮箱 guǒpíxiāng
- **把** bǎ — (손으로) 쥐다, 잡다, (어린애를 안고) 대·소변을 누이다, 독판치다, 장악하다, 틀어쥐다, 지키다, 끝채
- **垃圾** lājī — 쓰레기, 오물, 금속 찌꺼기
- **站** zhàn — 서다, 일어서다, 어느 편에 서다, ~의 입장에 서다, (차 따위가) 서다, 멎다, 멈춰서다, 정지하다, 정류소
- **辆** liàng — 대(차량을 셀 때 쓰는 양사)
- **摊**(儿, 子) tān(r, zi) — 노점
- **肚**(~儿, ~子) dù(~r, ~zi) — 배, 복부, 마음, 뱃속
- **交通** jiāotōng — 교통
- **警察** jǐngchá — 경찰

违反 wěifǎn	위반하다, 위반되다
规则 guīzé	규칙, 규율, 법칙, 정연하다, 규칙적이다, 단정하다
找 zhǎo	찾다, 구하다, 물색하다, 자초하다, 방문하다
书报 shūbào	출판물, 서적과 신문, 잡지
报纸 bàozhǐ	신문, 신문지, 신문용지
人行横道 rénxínghéngdào	횡단보도
	= 横道线 héngdàoxiàn, 过街横道 guòjiēhéngdào
红绿灯 hónglǜdēng	신호등
	= 信号灯 xìnhàodēng, 讯号灯 xùnhàodēng
交通拥挤 jiāotōng yōngjǐ	교통체증 = 交通堵车 jiāotōng dǔchē
上司 shàngsi	상사 = 上级 shàngjí, 上峰 shàngfēng
生气 shēngqì	화내다, 화나다, 성내다, 성나다, 생기, 생명력, 활력
疯 fēng	미치다 = 狂 kuáng, 发疯 fāfēng, 发狂 fākuáng
毫无相干 háowúxiānggān	상관없다 = 无所谓 wúsuǒwèi, 无关 wúguān
引起 yǐnqǐ	(주의를) 끌다, 야기하다, (사건 등을) 일으키다
	= 引致 yǐnzhì, 惹起 rěqǐ, 引动 yǐndòng
引动 yǐndòng	끌어당기다, 마음을 사로잡아 감동시키다, 일으키다, 유발하다, 야기하다, 건드리다
	= 引起 yǐnqǐ, 触动 chùdòng
公害 gōnghài	공해
止不住 zhǐbúzhù	멈출 수 없다, 억제할 수 없다
咳嗽 késou	기침(하다)
刚 gāng	단단하다, 강하다, (부사) 지금, 막, 바로
	= 才 cái, 刚才 gāngcái

Chapter 06 大都市

☐ 刚刚 gānggāng	바로 지금, 막, 방금, 마침, 꼭	
☐ 刚 gāng	방금	
☐ 加塞儿 jiāsāir	새치기 = 无所谓 wúsuǒwèi, 无关 wúguān	
☐ 博物院 bówùyuàn	박물관 = 博物馆 bówùguǎn	
☐ 馆长 guǎnzhǎng	큐레이터 = 管理者 guǎnlǐzhě, 主事 zhǔshì	
☐ 介绍 jièshào	소개하다, 중매하다, (결혼 상대를) 소개하다	
☐ 公安局 gōng'ānjú	공안국 = 警察局 jǐngchájú	
☐ 展厅 zhǎntīng	전시장 = 陈列所 chénlièsuǒ	
☐ 这里 zhèlǐ	여기, 이곳	
☐ 雕刻家 diāokèjiā	조각가 = 雕匠 diāojiàng	
☐ 作品 zuòpǐn	작품 = 制作品 zhìzuòpǐn	
☐ 了不得 liǎobùdé	훌륭하다	
	= 了不起 liǎobuqǐ, 可观 kěguān, 出色 chūsè	
☐ 先生 xiānsheng	선생, 교사(=老师 lǎoshī) 인텔리겐차(지식인)에 대한 호칭, 선생, 씨(성인 남자에 대한 존칭), 남편, 주인, 바깥양반	
☐ 位 wèi	곳, 자리, 위치, 지위, 직위, 임금 자리	
☐ 照相 zhàoxiàng	사진, 사진을 찍다	
	= 拍照 pāizhào, 拍像 pāixiàng	
☐ 游乐园 yóulèyuán	유원지 = 游乐场 yóulèchǎng	
☐ 累 lèi	피곤(하다) = 疲乏 pífá, 疲劳 píláo	
☐ 动物园 dòngwùyuán	동물원	
☐ 饲养 sìyǎng	사육(하다)	
☐ 饲喂 sìwèi	사육하다, (짐승을) 먹이다	

转 zhuàn	회전 = 回转 huízhuàn, 旋转 xuánzhuǎn
木马 mùmǎ	목마, 〈체육〉(기계 체조의) 안마와 도마의 총칭, (위에 타고 노는) 어린이들의 놀이기구
吓人 xiàrén	사람을 놀라게 하다, 놀라다
溜旱冰 liūhànbīng	롤러스케이트를 타다
以为 yǐwéi	생각하다, 여기다, 알다, 인정하다
肉麻 ròumá	오싹해지다, 소름이 끼치다, 진저리나다
嘛 ma	(어기조사) 뚜렷한 사실을 강조할 때 쓰임
正在 zhèngzài	(부사) 마침(한창 ~하고 있는 중이다), 바야흐로
电梯 diàntī	엘리베이터 = 升降机 shēngjiàngjī
电动扶梯 diàndòngfútī	에스컬레이터
	= 自动楼梯 zìdònglóutī, 自动电梯 zìdòngdiàntī, 活动电梯 huódòngdiàntī, 升降梯 shēngjiàngtī
上去 shàngqù	올라가다
呢 ne	(어기조사) 의문문의 끝에 써서 의문의 어기를 나타냄
大厦 dàshà	빌딩
	= 高楼 gāolóu, 大楼 dàlóu
总共 zǒnggòng	모두, 전부, 합쳐서, 도합
皮货 píhuò	가죽제품 (홍콩방언) 皮具 píjù
食品(商)店 shípǐn(shāng)diàn	식품점
素食者 sùshízhě	채식주의자
素食 sùshí	채식 = 蔬食 shūshí
塑料袋 sùliàodài	비닐봉지, 비닐봉투, 비닐백
纸袋 zhǐdài	종이봉지, (종이) 쇼핑 백

Chapter 06 大都市

- 新产品 xīnchǎnpǐn 신제품, 신생산품, 새로운 산품, 새 상품
- 紧 jǐn 팽팽하다, 단단하다, 단단해서 움직이지 않다
- 试 shì 시험하다, 시험 삼아 해보다, 시도하다
- 别的 biéde 다른 것, 딴 것, 딴 사람, 다른 사람
- 舒服 shūfu (육체나 정신이) 편안하다, 상쾌하다, 안락하다, 쾌적하다
- 睡 shuì (잠을) 자다, 잠, 수면, 눕다
- 午觉 wǔjiào 낮잠
- 产品 chǎnpǐn 산물, 제품 = **产物** chǎnwù, **出品** chūpǐn
- 质量 zhìliàng 〈물리〉 질량, 질과 양, 질, 품질, 질적인 내용
- 保证书 bǎozhèngshū 보증서
- 信 xìn 편지 = **信菡** xìnhán, **信儿** xìnr
- 好朋友 hǎopéngyou 좋은 친구, 좋은 벗, 친한 친구, 다정한 벗
- 封 fēng 봉하다, 왕이 작위나 작품을 내리다
- 邮递员 yóudìyuán 우편집배원 = **信差** xìnchāi
- 邮件 yóujiàn 우편 = **邮政** yóuzhèng, **电函** diànhán
- 快信 kuàixìn 속달 우편

  = **快邮** kuàiyōu, **快递邮件** kuàidìyóujiàn, **快递信件** kuàidìxìnjiàn
- 邮政特快传递 yóuzhèng tèkuài chuándì EMS, 속달 우편 서비스
- 信箱 xìnxiāng 우체통 = **邮筒** yóutǒng, **邮筒子** yóutǒngzi
- 包裹 bāoguǒ 소포 = **小包儿** xiǎobāor
- 今晚 jīn wǎn 오늘 밤(저녁)
- 帮忙 bāngmáng 일(손)을 돕다, 원조하다, 일을 거들어 주다, 원조

快递 kuàidì	속달
数 shǔ	세다, 헤아리다, 하나하나 계산하다
~的时候 ~de shíhou	~할 때에
存 cún	있다, 존재하다, 생존하다, 살아남다
款 kuǎn	금액, 비용, 돈
零钱 língqián	각(角)이나 분(分) 단위의 작은 돈, 잔돈, 용돈, (팁 따위) 급료 외의 잔수입
那个人 nàge rén	그 사람, 저 사람
可疑 kěyí	의심스럽다, 수상하다
偷 tōu	훔치다, 도둑질하다, 남몰래, 슬그머니, 가만히
东西 dōngxi	물품, 물건, 음식, (도리, 지식, 예술 따위의) 추상적인 것, (욕설) 자식, 놈, 새끼
东西 dōngxī	동쪽과 서쪽, 동서, 동쪽에서 서쪽까지(의 거리)
哇 wa	啊가 'u', 'ao', 'ou' 따위로 끝나는 앞 음절의 영향을 받아 변음한 것
哇 wā	(의성어) 앙앙, 엉엉, 왕왕(울음소리), 왝(토하는 소리), 꽥꽥 (시끄럽게 떠드는 소리),
哇 wà	(감탄사) 아! 와! 어머!
铜币 tóngbì	동전 = 镑子儿 bàngzǐr, 钱文 qiánwén
剧场 jùchǎng	극장 = 剧院 jùyuàn, 戏园(子) xìyuán(zi)
舞台 wǔtái	무대 = 台 tái, 前台 qiántái, 场 chǎng
离开 líkāi	떠나다, 벗어나다, 헤어지다, 떼어놓다
求 qiú	(동사) (요)청(간청)하다, 부탁하다, 추구하다, 탐구하다, 구하다, 찾다, (명사) 수요, 요구
这样(儿, 子) zhèyàng(r, zi)	(대사) 이렇다, 이와 같다, 이렇게, 이래서
问事处 wènshìchù	안내소 = 询问所 xúnwènsuǒ, 服务处 fúwùchù

Chapter 06 大都市

售票处 shòupiàochù	매표소
	= 票窗 piàochuāng, 票房(儿) piàofáng(r)
服务 fúwù	복무하다. 근무하다. 일하다. 봉사하다. 서비스하다
售 shòu	팔다
票 piào	표. 증서. 증명서. 유가 증권. 지폐
张 zhāng	열다. 펴다. 뻗다. 늘어놓다
寄存处 jìcúnchù	보관소
保管 bǎoguǎn	보관하다. 보관인. 보관자. 꼭. 틀림없이
小卖部 xiǎomàibù	매점　(방언) 排档 páidàng, 小铺 xiǎopù
爆米花 bàomǐhuā	팝콘 = 玉米花(儿) yùmǐhuā(r)
会场 huìchǎng	회의장. 집회장소
配合 pèihé	협동하다. 협력하다. 공동으로 하다
配合 pèihe	(형용사) 어울리다. 짝이 맞다. 조화되다
餐厅 cāntīng	레스토랑 = 餐馆 cānguǎn
跑堂儿的 pǎotángrde	웨이터 = 侍者 shìzhě
服务员 fúwùyuán	종업원 = 职工 zhígōng, 员工 yuángōng
客(人) kè(rén)	손님 = 宾客 bīnkè, 来宾 láibīn, 顾客 gùkè
开胃 kāiwèi	식욕을 증진시키다 = 醒胃 xǐngwèi
先 xiān	앞서 가다. 우선. 미리
尾食 wěishí	디저트 = 甜点心 tiándiǎnxīn
吃完 chīwán	다 먹다
法国 Fǎguó	프랑스
尝 cháng	맛보다. 겪다. 경험하다. 체험하다

日本 Rìběn	일본
风味 fēngwèi	기분, 맛, 특색, 고상하고 아름다운 멋, 풍미
饮食 yǐnshí	(명사) 음식, (동사) 음식을 먹고 마시다
对不起 duìbuqǐ	죄송합니다
中餐 zhōngcān	중국 음식 = 中菜 zhōngcài
意大利 Yìdàlì	이탈리아
专业 zhuānyè	전문 = 专门 zhuānmén
关 guān	닫다 = 关闭 guānbì, 合 hé, 合上 héshang
便利 biànlì	편리하(게 하)다
商店 shāngdiàn	상점 = 行 háng, 商家 shāngjiā, 铺子 pùzi
店 diàn	여관, 여인숙, 상점, 가게
24小时 èrshísì xiǎoshí	24시간
营业 yíngyè	영업(하다)
卖光 màiguāng	매진되다(하다), 남김없이 다 팔(리)다
看看 kànkan	검사하다, 방문하다
看看 kànkān	(부사) 이제 곧, 막, 보아하니, 얼마 안 있으면
买不起 mǎi bu qǐ	(돈이 없어서, 너무 비싸서) 살 수 없다
方便 fāngbiàn	편리하다, 남에게 이롭다
面巾纸 miànjīnzhǐ	티슈 = 白棉纸 báimiánzhǐ
干吃面 gānchīmiàn	라면
方便面 fāngbiànmiàn	인스턴트 라면 (대만 방언) 泡面 pàomiàn
厨具 chújù	주방용품, 취사 도구
	= 炊具 chuījù, 锅碗刀勺 guōwǎndāosháo

Chapter 06 大都市

- 面巾纸 miànjīnzhǐ — 티슈 = 白棉纸 báimiánzhǐ
- 干电池 gāndiànchí — 건전지 = 碳锌电池 tànxīndiànchí
- 牙刷(儿, 子) yáshuā(r, zi) — 칫솔
- 糊料 húliào — 접착제 = 阿胶 ējiāo, 胶粘剂 jiāozhānjì
- 便条(儿) biàntiáo(r) — 메모
- 饼干 bǐnggān — 과자 = 点心 diǎnxin, 果点 guǒdiǎn
- 饮料 yǐnliào — 음료
- 文具类 wénjùlèi — 문구류
- 电灯泡(儿) diàndēngpào(r) — 전구
- 医生 yīshēng — 의사 = 医师 yīshī
- 护士 hùshi — 간호사
- 病房 bìngfáng — 병실 = 病室 bìngshì
- 重病号 zhòngbìnghào — 중환자 = 重患者 zhònghuànzhě
- 骨科 gǔkē — 정형외과 = 矫形外科 jiǎoxíngwàikē
- 产科 chǎnkē — 산부인과 = 妇产科 fùchǎnkē, 产妇科 chǎnfùkē
- 药店 yàodiàn — 약국

  (병원의) 药房 yàofáng, 药行 yàoháng, 药局(子) yàojú(zi),
  (한약방) 药铺 yàopù

- 这些(个) zhèxiē(ge) — (대사) 이런 것들, 이들, 이러한, 이만한
- 够 gòu — (형용사) 충분하다, 넉넉하다, 족하다, 일정한 정도, 기준, (수준에) 이르다
- 住院 zhùyuàn — 입원 = 入院 rùyuàn
- 出院 chūyuàn — 퇴원

- 内科 nèikē — 내과
- 情况 qíngkuàng — 상황, 정황, 형편, 군사상의 변화
- 严重 yánzhòng — 중대하다, 심각하다, 모질다
- 外科 wàikē — 외과
- 五年 wǔ nián — 5년
- 皮肤 pífū — 피부
- 科 kē — 과(연구 분야를 분류한 작은 구분), 과(사무 조직의 한 부분)
- 手术 shǒushù — 수술 = **割术** gēshù, 〈속어〉 **开刀** kāidāo
- 切断 qiēduàn — 절단하다 = **切割** qiēgē, **折断** zhéduàn
- 腿 tuǐ — 〈생리〉 다리, (~儿) (물건의) 다리, 중국식 햄
- 等候室 děnghòushì — 대기실 = **候车室** hòuchēshì
- 牙科 yákē — 치과 = **齿科** chǐkē

Chapter 07　电视机, 电视节目
言论
电子产品
书

大众传达媒体
dàzhòng chuándá méitǐ
대중 전달 매체

Chapter 07 电视机, 电视节目

电视机 diànshìjī 텔레비전

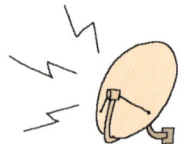

天线 tiānxiàn
안테나

有了天线就可以看电视。
Yǒule tiānxiàn jiù kěyǐ kàn diànshì.
안테나가 있다면 TV를 볼 수 있어요.

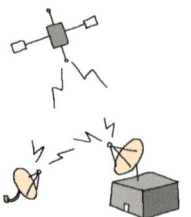

卫星频道 wèixīng píndào
위성 채널

我爸爸就看卫星频道。
Wǒ bàba jiù kàn wèixīng píndào.
저희 아버지께선 위성 채널만 보세요.

遥控 yáokòng
리모컨

有了钱就可以买更大的电视机了。
Yǒule qián jiù kěyǐ mǎi gèng dà de diànshìjī le.
돈이 있다면 더 큰 TV를 살 수 있을 텐데.

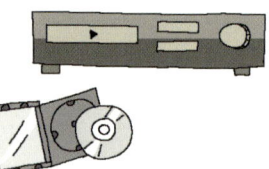

影碟机 yǐngdiéjī
DVD 플레이어

我们什么时候买影碟机啊?
Wǒmen shénme shíhou mǎi yǐngdiéjī a?
우린 언제 DVD 플레이어를 살 건가요?

播放中 bōfàng zhōng
방송 중

广播中断 guǎngbō zhōngduàn
방송 중단

现在正在播吗?
Xiànzài zhèngzài bō ma?
지금 방송되고 있나요?

是的! 开始吧!
Shìde! Kāishǐ ba!
네! 시작하세요!

大众传达媒体

电视节目 diànshì jiémù 방송 프로그램

您也会喜欢上的!
Nín yě huì xǐhuānshàng de!
당신도 좋아하게 될 겁니다!

播放广告 bōfàng guǎnggào
광고를 방송하다

决不后退!
Jué bù hòutuì!
후퇴란 없다!

纪录片儿 jìlù piānr
다큐멘터리

快逃!
Kuài táo!
빨리 도망쳐!

情景喜剧 qíngjǐng xǐjù
시트콤

等着! 我去救你!
Děng zhe! Wǒ qù jiù nǐ!
기다려요! 당신을 구하러 갑니다!

动画 dònghuà
만화

射门! 球进了!
Shè mén! Qiú jìn le!
슛! 골이에요!

体育频道 tǐyù píndào
스포츠 채널

背下来!
Bèi xiàlai!
암기하세요!

教育广播 jiàoyù guǎngbō
교육 방송

是我的错!
Shì wǒ de cuò!
내 잘못이야!

连续剧 liánxùjù
연속극

我要毁灭一切!
Wǒ yào huǐmiè yíqiè!
모든 것을 파멸 할거야!

电影 diànyǐng
영화

Chapter 07 言论

言论 yánlùn 언론

报纸 bàozhǐ
신문

重要的情报可以在报纸上找到。
Zhòngyào de qíngbào kěyǐ zài bàozhǐ shàng zhǎodào.
중요한 정보는 신문에서 찾을 수 있습니다.

我只是对你的标题不满意!
Wǒ zhǐshì duì nǐ de biāotí bù mǎnyì!
난 단지 자네의 표제가 맘에 안 들 뿐이네!

新闻记者 xīnwén jìzhě
신문기자

主编 zhǔbiān
편집장

我写的文章你不满意的话,
我给您改。
Wǒ xiě de wénzhāng bù mǎnyì dehuà,
wǒ gěi nín gǎi.
제가 쓴 글이 맘에 안 드신다면
고쳐드리겠습니다.

要找到更好的照片。
Yào zhǎodào gèng hǎo de zhàopiàn.
더 좋은 사진을 구해야겠어.

日报 rìbào
일간지

早报 zǎobào
조간신문

晚报 wǎnbào
석간신문

早报和晚报我都读。
Zǎobào hé wǎnbào wǒ dōu dú.
난 조간신문 석간신문 둘 다 읽어요.

读(一)读日报怎样?
Dú (yi) dú rìbào zěnyàng?
일간지를 읽는 건 어때?

大众传达媒体

舆论调查 yúlùn diàochá
여론조사

谁更受欢迎?
Shéi gèng shòu huānyíng?
누가 더 인기 있나요?

我拒绝回答。
Wǒ jùjué huídá.
아무 말도 안 할 겁니다.

记者会见 jìzhě huìjiàn
기자회견

这个不行!
Zhège bù xíng!
이건 안 돼!

这个好!
Zhège hǎo!
이건 좋아!

检阅 jiǎnyuè
검열하다

杂志 zázhì
잡지

我上杂志封面了!
Wǒ shàng zázhì fēngmiàn le!
내가 잡지 표지에 나왔어!

卖报啦!
Mài bào la!
신문이요!

免费了。
Miǎnfèi le.
공짜에요.

免费报纸 miǎnfèi xīnwén
무료신문

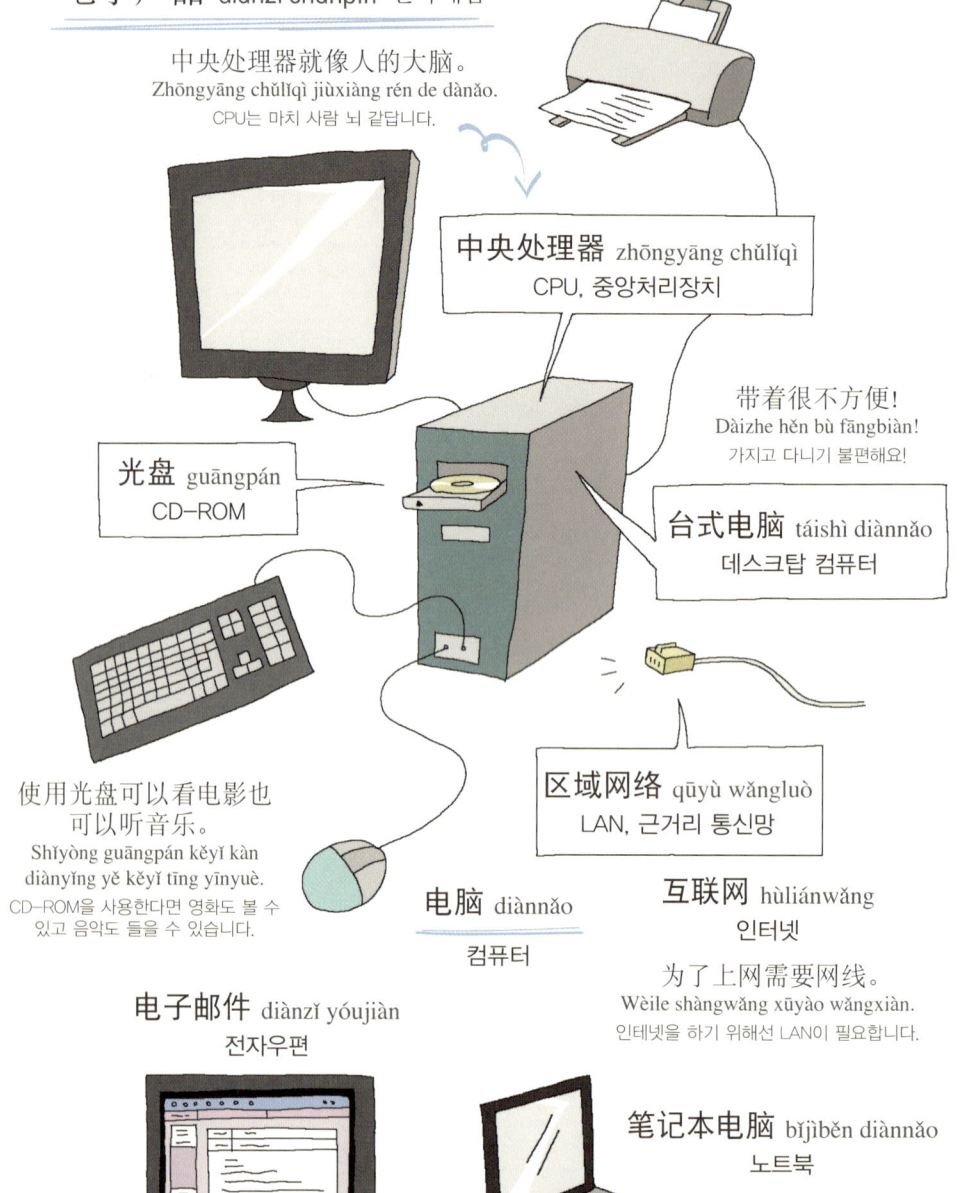

大众传达媒体

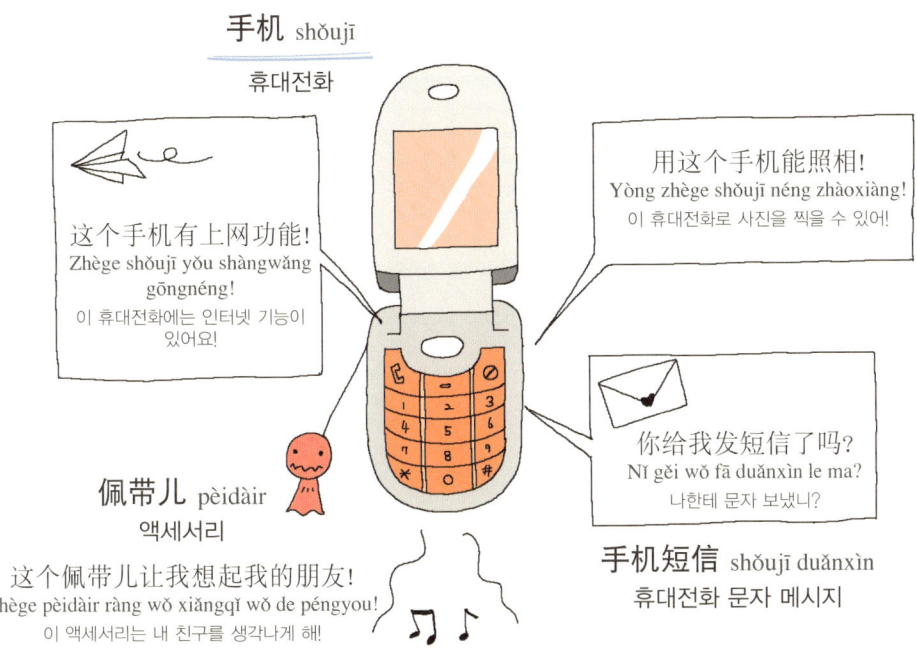

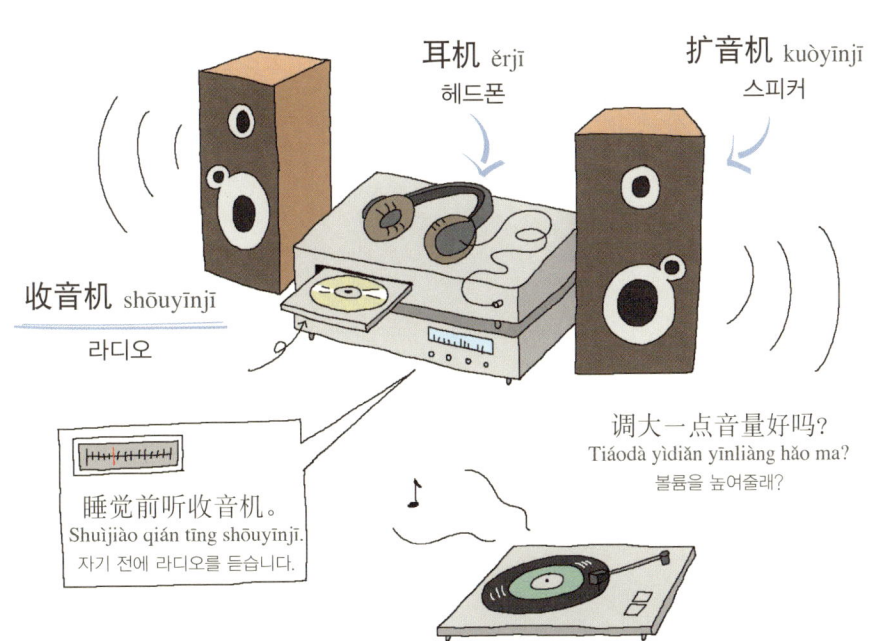

Chapter 07 书

书 shū 책

短篇小说 duǎnpiān xiǎoshuō
단편소설

一读短篇小说我就觉得时间过得很快。
Yì dú duǎnpiān xiǎoshuō wǒ jiù juéde shíjiān guò de hěn kuài.
단편소설을 읽기만 하면 시간이 금방 가요.

长篇小说 chángpiān xiǎoshuō
장편소설

能读完那些书吗?
Néng dúwán nàxiē shū ma?
그것들을 다 읽을 수 있겠어?

诗 shī
시

我最近在写诗。
Wǒ zuìjìn zài xiě shī.
난 최근 시를 쓰고 있어.

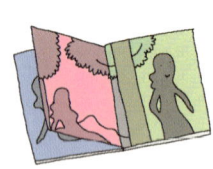

影集 yǐngjí
사진집

她是我的偶像。
Tā shì wǒ de ǒuxiàng.
그녀는 나의 우상입니다.

全集 quánjí
전집

买全集贵吗?
Mǎi quánjí guì ma?
전집을 사는 것은 비싼가요?

百科词典 bǎikē cídiǎn
백과사전

百科词典学习时非常有用。
Bǎikē cídiǎn xuéxí shí fēicháng yǒuyòng.
백과사전은 공부할 때 굉장히 유용하단다.

词典 cídiǎn
사전

那个单词查词典吧!
Nàge dāncí chá cídiǎn ba!
그 단어는 사전에서 찾아보렴!

作家 zuòjiā
작가

目录 mùlù
목차

出版社 chūbǎnshè
출판사

大众传达媒体

要是有有意思的新书就告诉我。
Yàoshì yǒu yǒuyìsi de xīn shū jiù gàosu wǒ.
흥미로운 신간서적이 있다면 알려주세요.

我们有很多的库存书。
Wǒmen yǒu hěn duō de kùcúnshū.
우린 많은 재고의 책들이 있어요.

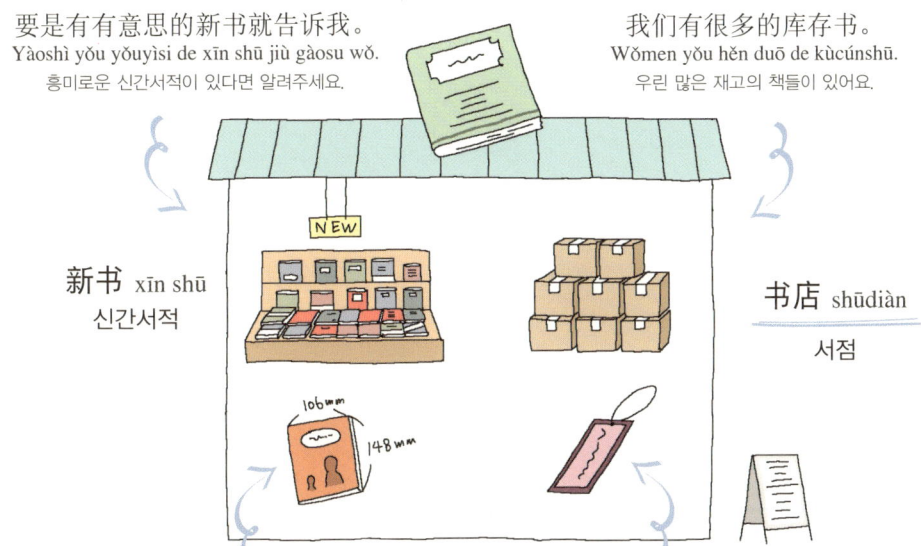

新书 xīn shū
신간서적

书店 shūdiàn
서점

在找小一点儿的书。
Zài zhǎo xiǎo yìdiǎnr de shū.
좀 작은 책을 찾고 있답니다.

我推荐买这个书签(儿)。
Wǒ tuījiàn mǎi zhège shūqiānr.
이 책갈피 사기를 추천합니다.

我想借这本书。
Wǒ xiǎng jiè zhè běn shū.
이 책을 빌리고 싶어요.

书橱 shūchú
책장

有图书馆借阅证吗?
Yǒu túshūguǎn jièyuèzhèng ma?
도서관 대출 카드가 있나요?

忘了带来要还的书!
Wàng le dàilái yào huán de shū!
돌려줄 책을 갖고 오는 걸 깜빡했네!

图书馆 túshūguǎn
도서관

Chapter 07 大众传达媒体

☐	单方机 dānfāngjī	카세트테이프 플레이어(라디오 기능이나 녹음 기능이 없는 것을 가리킴), 영상 재생 장치, VTR
☐	碟影机 diéyǐngjī	레이저 디스크 플레이어
☐	耳筒机 ěrtóngjī	(홍콩 방언) 휴대용 카세트 플레이어
☐	放带机 fàngdàijī	(헤드폰이 달린) 휴대용 카세트 플레이어
☐	光碟机 guāngdiéjī	(대만 방언) 비디오 CD 플레이어, DVD 플레이어
☐	什么时候 shénme shíhou	언제, 어느 때
☐	播放 bōfàng	방송 = 广播 guǎngbō, 播送 bōsòng
☐	中断 zhōngduàn	중단 = 中止 zhōngzhǐ, 截断 jiéduàn
☐	是的 shìde	그렇다
☐	节目 jiémù	종목, 프로그램, 레퍼토리, 목록, 항목, (홍콩·대만 방언) 사교 활동, 교제 활동
☐	广告 guǎnggào	광고, 선전
☐	喜欢 xǐhuan	좋아하다 = 喜爱 xǐ'ài, 喜好 xǐhào, 好喜 hàoxǐ
☐	实录 shílù	다큐멘터리
☐	后退 hòutuì	후퇴하다, 물러나다
☐	奔 bēn	도망치다
		= 奔窜 bēncuàn, 走 zǒu, 逃 táo, 逃奔 táobèn, 逃脱 táotuō
☐	动画 dònghuà	만화 = 漫画 mànhuà, 卡通 kǎtōng
☐	救 jiù	구하다, 구제하다, 건져내다, 구조하다, (재난이나 위험 따위로부터 벗어나도록) 돕다, 도와주다, 원조하다, 도움
☐	体育 tǐyù	체육
☐	频道 píndào	채널
☐	球门 qiúmén	(럭비, 축구 등의) 골

☐ 射门 shèmén	슛(축구나 핸드볼 따위의 골문이 있는 경기의 슛을 말함.
☐ 守门员 shǒuményuán	(축구 따위의) 골키퍼
	= 门将 ménjiàng, 大门儿 dàménr, 球门手 qiúménshǒu
☐ 教育 jiàoyù	교육(하다), 가르침, 배우는 바
☐ 广播 guǎngbō	방송하다(유선방송도 포함), (소문 따위를) 퍼뜨리다, 라디오(텔레비전) 방송
☐ 背 bèi	암기 = 记 jì, 暗记 ànjì, 空背 kōngbèi
☐ 连续剧 liánxùjù	연속극 = 连环戏 liánhuánxì
☐ 连续 liánxù	연속하다, 계속하다
☐ 剧 jù	연극, 극, (형용사) 심하다, 격렬하다
☐ 错 cuò	들쑥날쑥하다, 가지런하지 않다, 착잡하다, 뒤섞여 복잡하다, (이를) 갈다, 문지르다, 비비다, 교행하다, 비껴 지나가다
☐ 毁灭 huǐmiè	괴멸하다, 섬멸하다, 박멸하다
☐ 一切 yíqiè	(형용사) 일체의, 모든, 온갖, (명사) 일체, 모든 것, 온갖 것
☐ 破坏 pòhuài	파괴하다 = 捣毁 dǎohuǐ, 摧毁 cuīhuǐ
☐ 重要 zhòngyào	중요하다
☐ 要 yào	중요 = 重 zhòng, 重要 zhòngyào, 要紧 yàojǐn
☐ 情报 qíngbào	정보, 특정문제를 해결하는 데 필요한 전문적이고 응용적인 지식(근래는 '信息 xìnxī'란 용어로 사용함)
☐ 找到 zhǎodào	찾아내다
☐ 文章 wénzhāng	글월, 문장, 저작, 저술, 내포된 뜻, 이유, 까닭, 속뜻, 꿍꿍이(셈)
☐ 称心 chènxīn	마음에 맞다(들다), 만족하다 = 趁心 chènxīn
☐ 满意 mǎnyì	만족하다, 만족스럽다

Chapter 07 大众传达媒体

☐ 改 gǎi		변하다, 바뀌다, 달라지다, 변모하다, 바꾸다, 변개하다, 변경하다. (틀린것을) 바로잡다. 고치다. 수정하다. 정정하다
☐ 主编 zhǔbiān		편집장 = 主笔 zhǔbǐ, 总编辑 zǒngbiānjí
☐ 只是 zhǐshì		(부사) 다만, 오로지, 오직(=不过是 búguòshì), (접속사) 그러나, 그런데(=但是 dànshì)
☐ 标题 biāotí		표제, 표제를 달다. 〈전자〉 헤딩
☐ 照片 zhàopiàn		사진 = 相片 xiàngpiàn
☐ 早报 zǎobào		조간신문 = 晨报 chénbào
☐ 读 dú		낭독하다, 소리 내어 읽다, 읽다, 열독하다, 공부하다, 학교에 가다
☐ 怎样 zěnyàng		어떠냐, 어떻게(성질, 상황, 방식 따위를 물음)
☐ 舆论 yúlùn		여론 = 公论 gōnglùn, 民意 mínyì
☐ 调查 diàochá		조사
☐ 受欢迎 shòu huānyíng		인기 = 红 hóng 〈구어〉吃香 chīxiāng
☐ 人气 rénqì		인간다움, 인간미, 마음, 심정, 인심
☐ 会见 huìjiàn		회견(하다), 접견(하다)
☐ 会晤 huìwù		만나다, 회견하다
☐ 拒绝 jùjué		거절(하다), 거부(하다)
☐ 回答 huídá		대답(하다), 회답(하다)
☐ 审查 shěnchá		심사(하다), 심의(하다), 검열(하다)(주로 계획, 제안, 저작, 개인의 이력 따위를 말함)
☐ 检阅 jiǎnyuè		(군대를) 사열하다, 열병하다, 검열하다, 검사하다. (책이나 문서 따위를 뒤적여가면서) 열독하다
☐ 封面 fēngmiàn		표지 = 封皮 fēngpí, 皮子 pízi
☐ 标 biāo		표지 = 标记 biāojì, 标志 biāozhì

☐ 免费 miǎnfèi	무료 = 白 bái, 无偿 wúcháng
☐ 中央处理器 zhōngyāngchǔlǐqì	CPU, 중앙처리 장치 = 芯片 xīnpiàn
☐ 电子 diànzǐ	전자, 엘렉트론
☐ 大脑 dànǎo	대뇌
☐ 使用 shǐyòng	사용(하다)
☐ 区域网络 qūyùwǎngluò	LAN, 근거리 통신망, 인터넷
	= 局域网络 júyùwǎngluò, 局域网 júyùwǎng, 专线 zhuānxiàn
☐ 互联网 hùliánwǎng	(의역어) 국제 컴퓨터 통신망
	(음의역어) 因特网 yīntèwǎng, 网际网路 wǎngjìwǎnglù, (약칭) 网 wǎng
☐ 网 wǎng	인터넷, 온라인, 네트워크, 그물, 그물처럼 생긴 것, 망, 그물 형태의 조직이나 계통, 포위망
☐ 上网 shàngwǎng	인터넷에 접속하다
☐ 网线 wǎngxiàn	랜선
☐ 电子信件 diànzǐ xìnjiàn	전자우편, 이메일
	= 电子邮件 diànzǐyóujiàn, 电邮 diànyóu
☐ 每当 měi dāng	~할 때마다, ~할 때면 언제나
☐ 想起 xiǎngqǐ	상기하다, 생각해내다
☐ 想起来 xiǎng qǐlai	생각나다, 생각이 떠오르다
☐ 男朋友 nánpéngyou	남자친구
☐ 发 fā	보내다, 부치다, 교부하다, (전보를) 치다, 발송하다, (노임을) 내주다, 발사하다, 쏘다
☐ 发 fà	두발, 머리카락
☐ 笔记本电脑 bǐjìběn diànnǎo	노트북 = 携带电脑 xiédài diànnǎo

Chapter 07 大众传达媒体

- 拿着 názhe　　(동사) 가지고 있다. ~가지고 있으면서. ~의 주제에. ~이면서도

- 拿着 názháo　　(손이) 닿다. 미치다. 붙잡다

- 检查 jiǎnchá　　검사하다. 점검하다. 조사

　　　　　　　= 查看 chákàn

- 手机 shǒujī　　핸드폰 = 移动电话 yídòngdiànhuà

- 佩带儿 pèidàir　　액세서리 = 穿饰儿 chuānshir, 饰品 shìpǐn

- 文字 wénzì　　문자 = 字 zì, 字儿 zìr

- 通讯 tōngxùn　　메시지

　　　　　　　= 消息 xiāoxi, 音信 yīnxìn, 口信(儿) kǒuxìn(r)

- 声音邮箱 shēngyīn yóuxiāng　　(전화의) 자동응답기. (삐삐의) 메시지

- 短信 duǎnxìn　　짧은 편지. (휴대전화) 문자 메시지

- 即可 jíkě　　즉시 ~해주다(해드리다), 바로 ~할 수 있다

- 付 fù　　교부하다. 넘겨주다. 주다. 부치다. 지불하다. 지출하다

- 账单(儿, 子) zhàngdān(r, zi)　　계산서. 명세서

　　　　　　　= 账目单 zhàngmùdān, 账条儿 zhàngtiáor, 账帖儿 zhàngtiěr

- 收音机 shōuyīnjī　　라디오 = 无线电 wúxiàndiàn

- 播放机 bōfàngjī　　라디오 겸용 음악 및 영상 재생기

- 睡觉 shuìjiào　　잠자다

- 扩音机 kuòyīnjī　　스피커 = 扬声器 yángshēngqì

- 调 tiáo　　고르다. 일정하다. 알맞다. 적당하다. 적절하다. 고루 섞다

- 调 diào　　이동하다. 파견하다. 전근시키다. 소환하다

- 音量 yīnliàng　　볼륨 = 响度 xiǎngdù

☐ 书 shū	책 = **书本儿** shūběn(r), **倦** juàn	
☐ 觉得 juéde	~라고 느끼다. ~라고 여기다. ~라고 생각하다(어기가 단정적이 아님)	
☐ 诗 shī	시 = **诗歌** shīgē, **诗篇** shīpiān	
☐ 最近 zuìjìn	최근, 요즈음, 일간	
☐ 影集 yǐngjí	사진집 = **摄影集** shèyǐngjí	
☐ 迷 mí	팬 = **爱好者** àihàozhě, **崇拜者** chóngbàizhě	
☐ 偶像 ǒuxiàng	우상	
☐ 全集 quánjí	전집 = **合集** héjí	
☐ 贵 guì	(값이) 비싸다. 귀(중)하다. 가치가 높다. 중히 여기다	
☐ 百科全书 bǎikēquánshū	백과사전 = **百科词典** bǎikēcídiǎn	
☐ 有用 yǒuyòng	쓸모가 있다. 유용하다	
☐ 单词 dāncí	단어	
☐ 查 chá	검사하다. 조사하다. 찾아보다. 들추어 보다	
☐ 目录 mùlù	목차 = **目次** mùcì, **录目** lùmù	
☐ 新书 xīn shū	새 책, 신간 서적, 새로 나온 책	
☐ 要是 yàoshì	(접속사) 만일 ~이라면, 만약 ~하면 = **如果** rúguǒ	
☐ 告诉 gàosu	알리다. 말하다	
☐ 兴味 xìngwèi	흥취 = **兴趣** xìngqù, **兴致** xìngzhì	
☐ 小 xiǎo	(형용사) (체적. 면적. 용량. 소리 따위가) 작다. (수량이) 적다. (정도가) 얕다. (나이가) 어리다	
☐ 库存 kùcún	재고, 스독, 산ㅛ	
☐ 推荐 tuījiàn	추천하다	

Chapter 07 大众传达媒体

☐	书签(儿) shūqiānr	제첨(책의 제목으로 쓴 글씨), 서표, 갈피표, 책갈피
☐	书橱 shūchú	책장 = 书箱(子) shūxiāng(zi)
☐	借 jiè	빌다, 꾸다, 빌려주다, 꾸어주다, 빌리다
☐	本 běn	(초목의) 뿌리나 줄기, (사물의) 근본, 기초, 근원, (本儿) 본전, 밑천, 원금, 중심의, 중심이 되는
☐	借阅 jièyuè	차독하다, 빌려서 보다(읽다)
☐	证 zhèng	증명하다, 증거, 증서, 증명서, 병상, 증상(=症 zhèng)

猜谜语 수수께끼 맞히기

身子肥肥的，从不进澡堂，
称它懒东西，吃饱就睡觉。

Shēnzi féiféi de, cóng bú jìn zǎotáng,
chēng tā lǎn dōngxi, chībǎo jiù shuìjiào.

몸은 살찌고, 목욕탕에 들어간 적이 없으며,
그를 게으름뱅이라 부르고, 배불리 먹으면 잠만 잔다.

정답 **猪** zhū 돼지

四条腿印梅花，从早到晚守着家，
看见生人汪汪叫，看见主人摇尾巴。

Sì tiáo tuǐ yìn méihuā, cóng zǎo dào wǎn shǒuzhe jiā,
kànjiàn shēngrén wāngwāng jiào, kànjiàn zhǔrén yáo wěiba.

네 개의 다리에 매화 발자국을 남기며, 아침부터 저녁까지 집을 지키고, 낯선 사람을 보면 멍멍 짖고, 주인을 보면 꼬리를 흔든다.

정답 **狗** gǒu 개

耳朵长，尾巴短，眼睛红，
爱吃萝卜和白菜，蹦蹦跳跳真可爱。

Ěrduō cháng, wěiba duǎn, yǎnjīng hóng,
ài chī luóbo hé báicài, bèngbengtiàotiao zhēn kě'ài.

귀는 길고, 꼬리는 짧으며, 눈은 붉고,
무와 배추를 잘 먹으며, 깡충깡충 뛰면 정말 귀엽다.

정답 **兔子** tùzi 토끼

Chapter 07

眼睛又圆又大，身穿黑白花皮袄，
爱吃甘蔗和竹子。它是中国的大国宝。

Yǎnjing yòu yuán yòu dà, shēn chuān hēibái huāpí'ǎo,
ài chī gānzhè hé zhúzi. Tā shì Zhōngguó de dà guóbǎo.

눈은 둥글고도 크며, 몸에는 흑백꽃감옷을 입었으며,
사탕수수와 대나무를 잘 먹는다. 그는 중국의 보배이다.

정답 **熊猫** xióngmāo 팬더

身壮力气大，干活常套枷，
春耕和秋种，都要它来干。

Shēn zhuàng lìqi dà, gànhuó cháng tàojiā,
chūn gēng hé qiū zhòng, dōu yào tā lái gàn.

몸은 튼튼하고 힘은 세며, 일할 때에는 칼을 씌우고,
봄에 밭을 갈고 가을에 농사 지을 때, 모두 그가 해야 한다.

정답 **牛** niú 소

胖身子大嘴巴，大鼻孔往上翘，
身无毛真光滑，耳朵小眼睛大。

Pàng shēnzi dà zuǐba, dà bíkǒng wǎng shàng qiào,
shēn wú máo zhēn guānghuá, ěrduō xiǎo yǎnjing dà.

살찐 몸에 큰 입, 큰 콧구멍은 위로 세워졌으며,
몸에는 털이 없고 정말 매끄러우며, 귀는 작고 눈은 크다.

정답 **河马** hémǎ 하마

猜谜语 수수께끼 맞히기

衣衫黑又黑，尾巴像剪刀，
秋天南下春天飞回，屋子造在屋檐下。

Yīshān hēi yòu hēi, wěiba xiàng jiǎndāo,
qiūtiān nánxià chūntiān fēihuí, wūzi zàozài wūyán xià.

옷은 검고 검으며, 꼬리는 가위 같으며, 가을에는 남쪽을 향해 가며, 봄날에는 날아 돌아온다. 집은 처마 밑에 짓는다.

정답 **燕子** yànzi 제비

头上一个王，身上穿皮袄，
山中称霸王。

Tóu shàng yí ge wáng, shēn shàng chuān pí'ǎo,
shān zhōng chēng bàwáng.

머리에는 왕자(王字)가 있고, 몸에는 갑옷을 입었으며, 산 속에서는 패왕이라 칭한다.

정답 **老虎** lǎohǔ 호랑이

慢性格，爬上沙滩晒太阳。
长脖子，硬壳背，缩回脖子是房子。

Màn xìnggé, páshàng shātān shài tàiyáng.
Cháng bózi, yìng ké bèi, suōhuí bózi shì fángzi.

느린 성격에 모래사장에 기어 나와 일광욕을 한다. 긴 목, 단단한 등껍질에, 목을 오그리고 들어가면 집이다.

정답 **乌龟** wūguī 거북이

Chapter 07

身小力不小，搬粮食，挖地道，
团结又勤劳。

Shēn xiǎo lì bù xiǎo, bān liángshi, wā dìdào,
tuánjié yòu qínláo.

몸집은 작지만 힘은 작지않으며, 식량을 나르고,
땅굴을 파며, 단결하고 부지런히 일한다.

정답 **蚂蚁** mǎyǐ 개미

身上长满刺儿，圆得像只球儿，
上山去采果儿，不用背箩筐儿。

Shēn shàng zhǎngmǎn cìr, yuán de xiàng zhī qiúr,
shàng shān qù cǎi guǒr, bú yòng bēi luókuāngr.

몸에는 가시가 가득하며, 둥근 것이 공과도 같으며,
산에 열매를 따러갈 때, 광주리를 짊어지지 않아도 된다.

정답 **刺猬** cìwei 고슴도치

飞时排成'一'或'人'，春去秋来常
成群，传说它能捎书信。

Fēi shí páichéng yīhuòrén, chūn qù qiū lái cháng
chéng qún, chuánshuō tā néng shāo shūxìn.

날 때는 한자 일자나 사람 인자 모양으로 되고, 봄이 가거
나 가을이 올 때는 항상 무리를 지으며, 전설에는 그가 서
신을 배달한다고 한다.

정답 **大雁** dàyàn 기러기

Chapter 08

艺术
休假
兴趣

艺术&闲暇

yìshù & xiánxiá

예술&여가

08

Chapter 08 艺术

艺术 yìshù 예술

独奏会 dúzòuhuì
독주회

我会演奏各种乐器。
Wǒ huì yǎnzòu gè zhǒng yuèqì.
나는 다양한 악기들을 연주할 수 있어요.

歌剧 gējù
오페라

为你唱的歌。
Wèi nǐ chàng de gē.
당신을 위한 노래입니다.

指挥 zhǐhuī
지휘자

请注意我的手势。
Qǐng zhùyì wǒ de shǒushì.
나의 손 동작에 집중해주세요.

管弦乐团 guǎnxián yuètuán
관현악단

他们弹得非常好。
Tāmen tán de fēicháng hǎo.
그들은 연주를 아주 잘해요.

巴蕾舞 bālěiwǔ
발레

别忘了，跳得优雅一些!
Bié wàng le, tiào de yōuyǎ yìxiē!
우아하게 춤을 추는 것을 잊지 마세요!

舞蹈 wǔdǎo
무용

这是传统的舞蹈。
Zhè shì chuántǒng de wǔdǎo.
이것은 전통적인 무용이랍니다.

小丑(儿) xiǎochǒu(r)
어릿광대

当小丑表演的时候我最幸福。
Dāng xiǎochǒu biǎoyǎn de shíhou wǒ zuì xìngfú.
어릿광대로 공연할 때 가장 행복합니다.

艺术&闲暇

音乐歌剧 yīnyuè gējù
뮤지컬

魔术表演 móshù biǎoyǎn
마술쇼

Chapter 08 艺术

艺术&闲暇

美术 měishù
미술

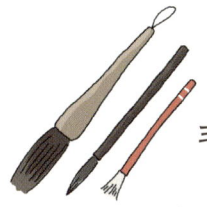

毛笔 máobǐ
붓

用完毛笔后清洗干净!
Yòngwán máobǐ hòu qīngxǐ gānjìng!
붓을 다 사용하면 깨끗이 닦아놓으세요!

画幅 huàfú
캔버스, 화폭

足够画画儿了。
Zúgòu huà huàr le.
그림을 그리기엔 충분합니다.

画廊 huàláng
화랑

这位作者想要说明什么?
Zhè wèi zuòzhě xiǎng yào shuōmíng shénme?
이 작가는 무엇을 말하려는 걸까?

调色板 tiáosèbǎn
팔레트

一起用一下调色板可以吗?
Yìqǐ yòng yíxià tiáosèbǎn kěyǐ ma?
팔레트를 같이 써도 될까요?

我也知道我很漂亮!
Wǒ yě zhīdao wǒ hěn piàoliang!
내가 예쁜 걸 나도 알아요!

模特儿 mótèr
모델

鞋子非常漂亮!
Xiézi fēicháng piàoliang!
신발이 정말 아름답군!

陶艺 táoyì
도예

陶器类 táoqìlèi
도기류

容易碎。
Róngyì suì.
깨지기 쉬워요.

陶艺巨匠 táoyì jùjiàng
도예가

这是失败的作品!
Zhè shì shībài de zuòpǐn!
이건 실패작이야!

Chapter 08 艺术

灵感 lǐnggǎn
영감

永远 yǒngyuǎn
영원히

我需要灵感。
Wǒ xūyào lǐnggǎn.
난 영감이 필요해.

这恐怕需要一辈子!
Zhè kǒngpà xūyào yībèizi!
이것은 평생 걸릴 거야!

别烦我!
Bié fán wǒ!
귀찮게 하지 마!

这是非常不寻常的场面!
Zhè shì fēicháng bù xúncháng de chǎngmiàn!
이것은 광장히 의미심장한 장면이야!

我不懂得艺术!
Wǒ bù dǒngde yìshù!
난 예술을 이해할 수가 없어!

照片 zhàopiàn
사진

不提那个啦, 这是什么?
Bù tí nàge la, zhè shì shénme?
그건 그렇고, 이게 뭐죠?

完成这个作品花费了五年的时间!
Wánchéng zhège zuòpǐn huāfèile wǔ nián de shíjiān!
이 작품을 완성하는 데까지 5년이 걸렸네요!

 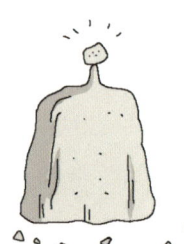 

雕刻术 diāokèshù
조각술

Chapter 08 休假

休假 xiūjià 휴가

艺术&闲暇

Chapter 08 休假

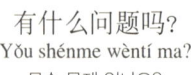

有什么问题吗?
Yǒu shénme wèntí ma?
무슨 문제 있나요?

他走开就好了!
Tā zǒukāi jiù hǎo le!
그가 떠나줬음 좋겠어!

温泉 wēnquán
온천

探险 tànxiǎn
탐험

终于发现了什么东西!
Zhōngyú fāxiànle shénme dōngxi!
마침내 무언가 발견했어!

海底潜水 hǎidǐ qiánshuǐ
스킨다이빙

我在深海游泳!
Wǒ zài shēn hǎi yóuyǒng!
난 바다 깊이 수영하고 있어요!

蹦极 bèngjí
번지점프

我很棒!
Wǒ hěn bàng!
난 너무 멋져!

太棒了!
Tài bàng le!
너무 신나!

漂流 piāoliú
래프팅

救生衣 jiùshēngyī
구명조끼

穿着救生衣比较安全。
Chuānzhe jiùshēngyī bǐjiào ānquán.
구명조끼를 입고 있는 것이 안전해요.

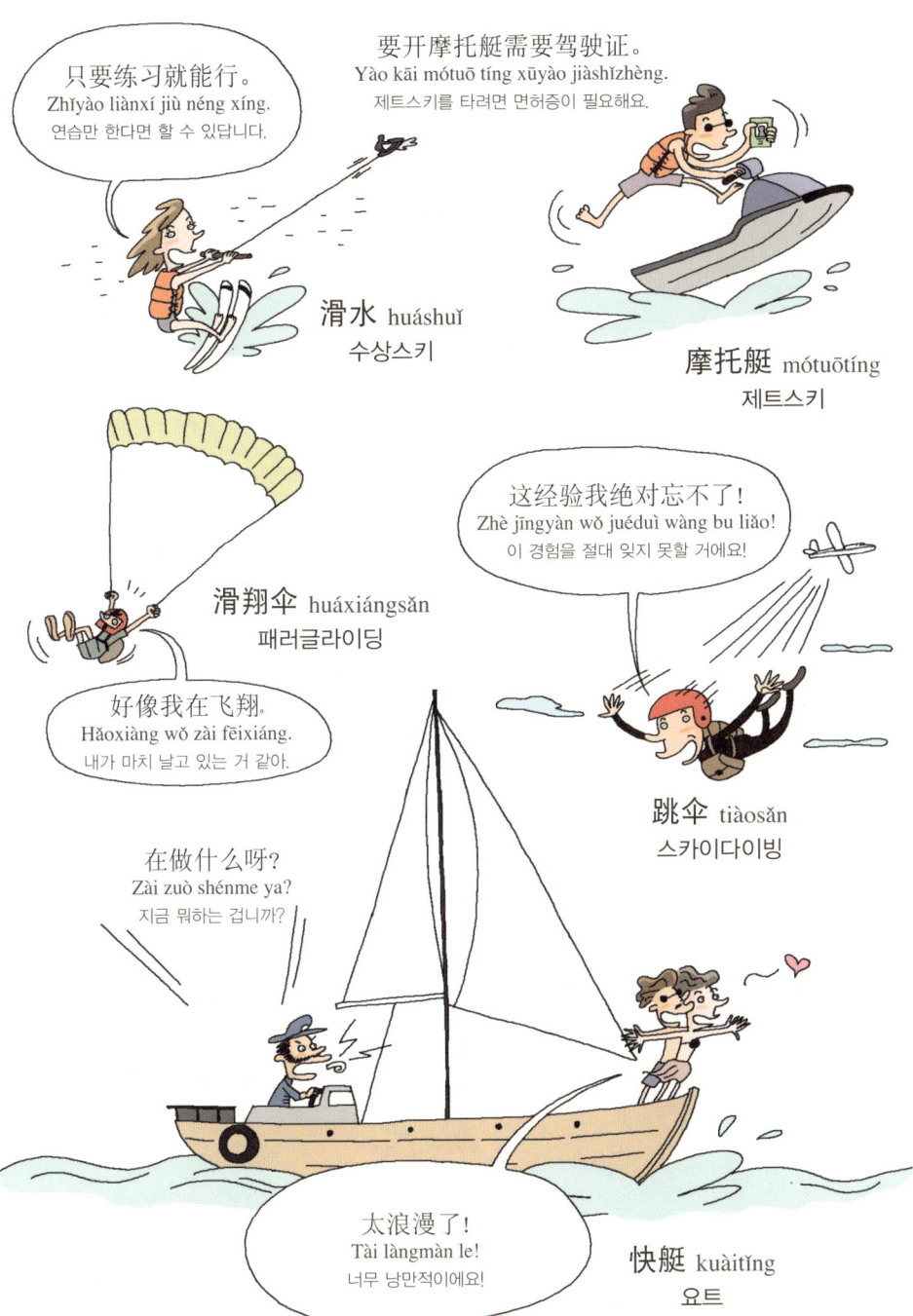

Chapter 08 兴趣

兴趣 xìngqù 취미

收集邮票 shōují yóupiào
우표 수집

集邮需要很多花费。
Jíyōu xūyào hěn duō huāfèi.
우표를 모으는 데 많은 돈을 소비해야 합니다.

织毛线 zhīmáoxiàn
뜨개질

男人也喜爱织毛线!
Nánrén yě xǐ'ài zhīmáoxiàn!
남자 역시 뜨개질을 즐긴답니다!

烹饪 pēngrèn
요리

我不知道为什么大家都不喜欢吃我做的菜!
Wǒ bù zhīdào wèi shénme dàjiā dōu bù xǐhuān chī wǒ zuò de cài!
사람들이 왜 내 요리를 싫어하는지 모르겠어요!

宾果 bīnguǒ
빙고

我只剩了一行!
Wǒ zhǐ shèngle yì háng!
난 한 줄만 남았어!

围棋 wéiqí
바둑

对我来说下围棋太难了。
Duì wǒ lái shuō xià wéiqí tài nán le.
나에겐 바둑은 너무 어렵다.

国际象棋 guójì xiàngqí
체스

想一想。
Xiǎng yi xiǎng.
잠시 생각 좀 해볼게.

音乐欣赏 yīnyuè xīnshǎng
음악 감상

我可以当歌手啦!
Wǒ kěyǐ dāng gēshǒu la.
난 가수 실력이야!

拍照 pāizhào
사진 촬영

为了拍照宁可冒着危险。
Wèile pāizhào nìngkě màozhe wēixiǎn.
전 사진을 찍기 위해 위험을 감수합니다.

艺术&闲暇

我难过时弹音乐!
Wǒ nánguò shí tán yīnyuè!
전 슬플 때 이 음악을 연주해요!

音乐演奏 yīnyuè yǎnzòu
음악 연주

我可以教你怎样做家具。
Wǒ kěyǐ jiāo nǐ zěnyàng zuò jiājù.
가구를 어떻게 만드는지 가르쳐줄 수 있어요.

做家具 zuò jiājù
가구 만들기

他太有魅力了!
Tā tài yǒu mèilì le!
그는 너무 매력적이야!

欣赏电影 xīnshǎng diànyǐng
영화 감상하기

电子游戏 diànzǐ yóuxì
오락

我警告过你不许你再玩儿了!
Wǒ jǐnggàoguo nǐ bù xǔ nǐ zài wánr le!
그만 하라고 경고했다!

有足够的钱!
Yǒu zúgòu de qián!
돈은 충분히 있어!

购物 gòuwù
쇼핑

我早晚会当上诗人的!
Wǒ zǎowǎn huì dāngshàng shīrén de!
난 언젠간 시인이 될 거야!

写诗 xiě shī
시 쓰기

Chapter 08 艺术&闲暇

- 闲暇 xiánxiá — 여가 = 余暇 yúxiá, 停闲 tíngxián, 工夫 gōngfu
- 管弦乐团 guǎnxián yuètuán — 관현악단 = 丝竹乐团 sīzhúyuètuán
- 乐器 yuèqì — 악기
- 注意 zhùyì — 주의(하다), 조심(하다)
- 集中 jízhōng — 집중하다 = 专注 zhuānzhù, 贯注 guànzhù
- 手势 shǒushì — 손짓, 손시늉
- 优雅 yōuyǎ — 우아하다
- 一些 yìxiē — 약간, 조금, 얼마간(의), 여러 번, 여러 가지(한 종류와 1회에 그치지 않는 경우를 나타냄)
- 态度 tàidu — 몸짓 = 身态 shēntài, 身资 shēnzī
- 传统 chuántǒng — 전통
- 当 dāng — 상당하다, (조동사) 당연히 (반드시) ~해야 한다, ~을 마주 대하다, ~을 향하다, (개사) 바로 그 시간이나 그 장소를 가리킬 때 쓰임, (직무 따위) 담당하다
- 当 dàng — (형용사) 적합하다, 적당하다, 알맞다. (동사) ~에 상당하다, ~에 해당하다, (~이라고) 간주하다, (~으로) 여기다
- 表演 biǎoyǎn — 상연(하다), 연출(하다), 연기(하다)
- 音乐歌剧 yīnyuè gējù — 뮤지컬

    = 音乐喜剧 yīnyuè xǐjù, 音乐剧 yīnyuèjù

- 歌剧 gējù — 가극, 오페라
- 悲惨 bēicǎn — 비참하다
- 俩 liǎ — 두 개, 두 사람, 두세 개, 몇 개, 조금, 얼마쯤
- 和好 héhǎo — 화목하다, 화해하다, 화목해지다, 사이가 다시 좋아지다
- 魔术 móshù — 마술

    = 戏法(儿) xìfǎ(r), 巫术 wūshù, 怪术 guàishù

☐ 奇妙 qímiào	기묘하다, 신기하다(흥미를 갖게 하는 신기한 사물에 많이 쓰임)	
☐ 骗术 piànshù	사기술, 기만책	
☐ 超能力 chāonénglì	초능력 = **特功** tègōng	
☐ 一名 yì míng	한 명, 다른 이름	
☐ 观众 guānzhòng	관중	
☐ 选 xuǎn	고르다, 뽑다, 선택하다, 선거하다	
☐ 辞掉 cídiào	그만두다, 사직하다	
☐ 工作 gōngzuò	공작, 일, 노동, 작업, 업무, 직업, 일하다, 노동하다, 작동하다	
☐ 杂技 zájì	서커스 = **马戏** mǎxì, **杂耍** záshuǎ	
☐ 名人 míngrén	명인, 명사, 유명한 사람	
☐ 名家 míngjiā	(어떤 분야에서) 명망이 높은 사람, 명인, 명망이 높은 가문, 명문, 〈역사〉명가	
☐ 能手儿 néngshǒur	명인, 명수, 재주꾼, 능수	
☐ 时装 shízhuāng	유행복, 유행 의상, 뉴패션, 그 당시 통용되던 복장	
☐ 华丽 huálì	화려하다	
☐ 流行 liúxíng	유행(하다), 성행(하다), 넓게 퍼지다, 널리 행해지다	
☐ 款式 kuǎnshì	격식, 양식, 스타일, 디자인	
☐ 演唱会 yǎnchànghuì	콘서트 = **音乐会** yīnyuèhuì, **演奏会** yǎnzòuhuì	
☐ 演唱 yǎnchàng	(가극이나 희극을) 공연하다, 무대에서 노래하다	
☐ 毛 máo	(동식물의) 털, 깃, 털, 깃과 같은 것, 털실, 양모, 모, 곰팡이, 조잡하다, 거칠다, 거칠거칠하다, 가공하지 않다	
☐ 笔 bǐ	붓, 필기구, (글을 쓰거나 그림 그릴 때의) 필법, 글자를 쓰다, 글을 짓다, 획수, 필획, (양사) 금액, 금전이나 그것과 관계있는 데에 쓰임	

Chapter 08 艺术&闲暇

☐ 清洗 qīngxǐ		깨끗하게 씻다(닦다), (불순 분자를) 제거하다, 숙청하다, (오명이나 굴욕을) 씻다, 벗다
☐ 足够 zúgòu		족하다, 충분하다, 만족하다
☐ 画 huà		(그림을) 그리다, (画儿) 그림, 그림으로 장식된, 기호를(선을) 그리다(긋다), 계획하다, 설계하다, 구분하다, 분할하다
☐ 作者 zuòzhě		작자, 필자
☐ 说明 shuōmíng		설명(하다), 해설(하다), (분명하게) 말하다, 증명하다, 입증하다
☐ 知道 zhīdào		알다, 이해하다, 깨닫다
☐ 认识 rènshi		알다, 인식하다, 인식
☐ 了解 liǎojiě		(자세하게 잘) 알다, 이해하다, 조사하다, 알아보다
☐ 鞋子 xiézi		신발
☐ 陶器 táoqì		도기, 오지 그릇
☐ 陶瓷 táocí		도자기
☐ 类 lèi		종류, 같은 부류, 유사하다, 닮다, ~같다, 대개, 대체로, 거의, 전부
☐ 碎 suì		부서지다, 깨지다, 부수다, 자질구레하다, 부스러져 있다, 온전치 못하다, 말이 많다, 수다스럽다, 재자재자하다
☐ 失败 shībài		패배(하다), 실패(하다)
☐ 恐怕 kǒngpà		(부사) (나쁜 결과를 예상해서) 아마 ~일 것이다, 대체로, 대략(=也许 yěxǔ)
☐ 一生 yìshēng		평생
☐ 烦 fán		답답하다, 산란하다, 괴롭다, 번민, 걱정
☐ 寻常 xúncháng		(형용사) 심상하다, 평범하다, 예사롭다, (부사) 항상, 언제나
☐ 场面 chǎngmiàn		(영화, 연극, 소설 등의) 장면, 신, 정경, 광경, 국면, 정황
☐ 懂得 dǒngde		(뜻, 방법 따위를) 알다, 이해하다

雕刻 diāokè	조각(하다)
提 tí	(손에) 들다(쥐다), 걸다, 매달다, 높이 들다, (아래에서 위로) 끌어올리다, 높이다, (기일을) 앞당기다, 제시하다
啦 la	(어기조사) 동작이나 행위가 이미 완료되었을 때 바뀌지 않은 지속의 느낌을 나타냄. '是 shì', '有 yǒu', '在 zài'처럼 정지된 의미를 갖는 동사나, 동사가 조동사 '能 néng', '会 huì', '应该 yīnggāi' 등을 동반할 때는 그와 같이 변화된 상태를 자연스럽게 나타냄.
完成 wánchéng	완성하다, (예정대로) 끝내다, 완수하다
花费 huāfèi	쓰다, 들이다, 소비하다, 소모하다, 기울이다
花费 huāfei	비용, 경비 = 花销 huāxiao
幅 fú	(儿 r) (옷감이나 종이 따위의) 폭, 너비, 넓이, (양사) 포목, 종이, 그림 따위를 세는 단위
细节 xìjié	자세한 사정, 세부, 사소한 부분, 세목
描写 miáoxiě	묘사
弄 nòng	하다, 행하다, 만들다, 가지고 놀다, 만지다, 다루다
糊涂 hútú	어리석다, 멍청하다, 얼떨떨하다
混 hún	멍청하다, 미련하다, 어리석다, 무지하다
混 hùn	섞다, 혼합하다, 뒤섞다, 남을 속이다, 가장하다, 그럭저럭 살아가다, 되는 대로 살아가다
这回 zhè huí	금번, 이번 = 此回 cǐhuí, 这次 zhè cì
描 miáo	모사하다, 그대로 베끼다, 본떠서 그리다(대부분 얇은 종이를 대고 그대로 본떠 그리는 것을 말함)
头发 tóufà	머리카락, 두발
厕所 cèsuǒ	변소 = 便所 biànsuǒ
公厕 gōngcè	공중변소

Chapter 08 艺术&闲暇

抖 dǒu	떨다. 털다. 흔들다. 돌리다. ('出来 chūlai'와 연용하여) 폭로하다. 드러내다. 까발리다
好像 hǎoxiàng	마치 ~와 같다(비슷하다) (흔히 '一样 yíyàng', '一般 yìbān', '似的 shide'와 어울려 쓰임)
疲倦 píjuàn	지치다. 나른해지다
不知 bù zhī	모르다. 알지 못하다
无人 wúrén	무인의. 사람이 타지 않는. 주인이 없는. 셀프 서비스의. 자급식의
晒 shài	햇볕이 내리쬐다. 햇볕을 쬐다. 햇빛에 말리다(=晾 liàng). (사진을) 인화하다
救护 jiùhù	구호(하다)
人员 rényuán	인원. 요원. 성원. 멤버
抓住 zhuāzhu	붙잡다. 움켜잡다. 틀어쥐다. (마음을) 사로잡다. 매혹하다. 체포하다. 붙잡다
度假 dùjià	휴가를 보내다
村 cūn	(~儿, ~子) 마을. 동네. 촌락. 시골. 촌스럽다. 야비하다. 상스럽다. 속되다. 비열하다. 욕하는 상스런 말
之中 zhī zhōng	~에. ~으로부터. ~안에. ~중에서. ~속에
凉 liáng	서늘하다. 선선하다. 차갑다(날씨를 말할 경우에는 '冷'보다 덜 추울 경우를 말함)
秘密 mìmì	비밀. 비밀스러운 일
刀 dāo	칼. 칼 모양의 물건
办 bàn	(일 따위를) 하다. 처리하다. 취급하다. 다루다. 창설하다. 경영하다. 운영하다
打碎 dǎsuì	(때려) 부수다
发现 fāxiàn	발견(하다)
潜水员 qiánshuǐyuán	스킨스쿠버 = 水鬼 shuǐguǐ. 水虎 shuǐhǔ

☐	深海 shēn hǎi	심해
☐	漂流 piāoliú	표류하다, 물결 따라 흐르다, 방황하다, 유랑하다, 방랑하다, 떠돌아다니다, 래프팅
☐	滑水 huáshuǐ	수상 스키 = 水上芭蕾 shuǐ shàng bālěi, 水橇 shuǐqiāo
☐	摩托车 mótuōchē	오토바이 = 摩托脚踏车 mótuō jiǎotàchē
☐	开 kāi	(닫힌 것을) 열다, (길을) 트다, 넓히다, 개척하다, 동사 뒤에서 보어로 사용되어 일정한 의미를 첨가해줌.
☐	驾驶证 jiàshǐzhèng	(자동차) 운전면허증
☐	飞翔 fēixiáng	비상하다, 하늘을 빙빙 돌며 날다
☐	绝对 juéduì	(형용사) 절대(의), 절대적(인), 아무런 조건도 없는, 아무런 제한도 받지 않는, (부사) 절대로, 완전히, 반드시
☐	忘不了 wàng bu liǎo	잊을 수 없다, 잊지 못하다
☐	浪漫 làngmàn	로맨틱하다, 낭만적이다, (남녀 관계에서) 방탕하다, 방종하다
☐	剩 shèng	남다, 벌이, 이익, 나머지
☐	一行 yìháng	한 줄, 직업, 전문분야
☐	一行 yìxíng	(명사) 일단, 일행, (접속사) 한편으로 ~하면서(~하다), (부사) 일단 ~하면
☐	下 xià	밑, 아래, 저급, 하급, 나중, 다음, 밑으로, 아래쪽으로, ~아래, ~하에(일정한 범위, 상황, 조건 따위에 속함을 나타냄)
☐	国际 guójì	국제
☐	象棋 xiàngqí	중국 장기
☐	国际象棋 guójì xiàngqí	체스
☐	为什么 wèi shénme	무엇 때문에, 왜, 어째서(원인 또는 목적을 물음)
☐	织 zhī	방직하다, (직물을) 짜다, 엮다, 뜨개질 하다, 털실로 짜다, 뜨다, (서로) 교차하다, 뒤엉키다, 엇갈리다

Chapter 08 艺术&闲暇

□	毛线 máoxiàn	털실
□	喜爱 xǐ'ài	좋아하다, 애호하다, 호감을 가지다, 사랑하다
□	收集 shōují	모으다, 수집하다, 채집하다, (인재를) 모집하다
□	集邮 jíyóu	우표를 수집하다, 우표 수집
□	欣赏 xīnshǎng	감상하다, 좋다고 여기다, 마음에 들어하다, 좋아하다
□	拍 pāi	손바닥으로 치다, (파도가) 치다, (~儿, ~子) 채, 치는 도구
□	照 zhào	비치다, 비추다, 빛나다, (거울 따위에) 비추다, (사진, 영화를) 찍다, 촬영하다
□	宁可 nìngkě	(접속사) 차라리(~하는 것이 낫다), 오히려 ~할지언정(대개 앞에 '与其 yǔqí'가 오거나 뒤에 '也不 yěbù'가 오며, 두 가지 사실 가운데서 '宁可'로 더 나은 사실을 이끌어 냄)
□	冒 mào	뿜어나오다, (바깥쪽으로나 위로) 내밀다, 내뿜다, 발산하다, 나다, (위험이나 악조건 등을) 개의치 않다, 무릅쓰다, 속이다, 사칭하다
□	家具 jiājù	가구, 세간, 가재도구, 무기, 생산(작업)도구, (의지한) 수단 (방법)
□	教 jiāo	가르치다, 전수하다
□	魅力 mèilì	매력
□	背后 bèihòu	배후, 뒤쪽, 뒷면, (부사) 암암리에, 남몰래, 뒤에서
□	游戏 yóuxì	유희, 레크리에이션, (동사) 놀다, 장난치다(=玩耍 wánshuǎ)
□	警告 jǐnggào	경고(하다), 경고(징계처분 중 가벼운 것임)
□	早晚 zǎowǎn	아침과 저녁, 무렵, 때, 시간, (부사) 조만간
□	迟早 chízǎo	(부사) 조만간, (명사) 조만, 이름과 늦음, 시간
□	诗人 shīrén	시인

> 지금까지 공부한 내용을 정리해 보세요.

Chapter 09

机场
站 饭店
准备

旅行
lǚxíng
여행

09

Chapter 09 机场

机场 jīchǎng 공항

免税店 miǎnshuìdiàn
면세점

请把您的护照给我看一下。
Qǐng bǎ nín de hùzhào gěi wǒ kàn yíxià.
여권을 보여주세요.

免税!
Miǎnshuì!
세금이 안 붙어요!

前台 qiántái
체크인 카운터

太想家人了!
Tài xiǎng jiārén le!
가족이 너무 보고 싶어!

请出来!
Qǐng chūlai!
밖으로 나와주십시오!

安检 ānjiǎn
보안 검사

那架飞机准备好起飞了吗?
Nà jià fēijī zhǔnbèihǎo qǐfēi le ma?
저 비행기는 이륙 준비가 된 건가요?

起飞 qǐfēi
이륙

好像是!
Hǎoxiàng shì!
그런 것 같구나!

Chapter 09 站

站 zhàn 역

列车 lièchē 열차
火车 huǒchē 기차

我们约好坐火车去旅行。
Wǒmen yuēhǎo zuò huǒchē qù lǚxíng.
우리는 열차로 여행할 것을 정했습니다.

列车时刻表 lièchē shíkèbiǎo
열차시각표

火车什么时候开?
Huǒchē shénme shíhou kāi?
언제 기차가 떠나지?

自动贩卖机 zìdòngfànmàijī
자동매표기

我不习惯用这个机器。
Wǒ bù xíguàn yòng zhège jīqì.
난 이 기계가 익숙하지 않아.

铁路站长 tiělùzhànzhǎng
철도역장

这个工作我已经干了十年了。
Zhège gōngzuò wǒ yǐjīng gànle shínián le.
전 이 일을 10년 동안 해오고 있습니다.

这次列车是开往上海的吗?
Zhè cì lièchē shì kāiwǎng Shànghǎi de ma?
이 열차가 상해행인가요?

乘客 chéngkè
승객

列车员 lièchēyuán
차장

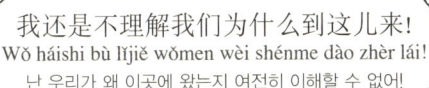

Chapter 09 饭店

饭店 fàndiàn 호텔

我坐机场巴士来的。
Wǒ zuò jīchǎng bāshì lái de.
난 공항버스를 타고 왔어요.

机场巴士 jīchǎng bāshì
공항 리무진 버스

您要单人间还是要双人间?
Nín yào dānrénjiān háishi yào shuāngrénjiān?
1인실로 드릴까요 아님 2인실로 드릴까요?

单人间 dānrénjiān
1인실

双人间 shuāngrénjiān
2인실

套间(儿) tàojiān(r)
스위트룸

真不敢相信这个房间是套间!
Zhēn bù gǎn xiāngxìn zhège fángjiān shì tàojiān!
이 방이 스위트룸이라는 것이 믿기지 않는군요!

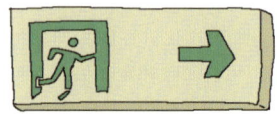

安全出口 ānquán chūkǒu
비상구

服务生 fúwùshēng
종업원

欢迎光临!
Huānyíng guānglín!
어서오세요!

不是有两个行李吗?
Bú shì yǒu liǎng ge xíngli ma?
짐이 두 개 아니었나요?

行李 xíngli
짐

担夫 dānfū
짐꾼

凉台 liángtái
테라스

我们这儿双人间有凉台。
Wǒmen zhèr shuāngrénjiān yǒu liángtái.
저희 2인실에는 테라스가 딸려 있답니다.

客房服务 kèfáng fúwù
룸서비스

希望您对我们的服务满意。
Xīwàng nín duì wǒmen de fúwù mǎnyì.
저희 룸서비스가 맘에 드시길 바랍니다.

旅行

以吉华的名字预约好了。
Yǐ Jíhuá de míngzi yùyuē hǎo le.
길화라는 이름으로 예약이 되어 있습니다.

现在马上给您确认一下。
Xiànzài mǎshang gěi nín quèrèn yíxià.
지금 곧 확인해드리겠습니다.

外厅 wàitīng
로비

总服务台 zǒngfúwùtái
프론트

包含早餐吗?
Bāohán zǎocān ma?
아침 식사 포함하나요?

当然。
Dāngrán.
물론입니다.

宴会厅 yànhuìtīng
연회장

各位女士, 先生们!
Gèwèi nǚshì, xiānshengmen!
신사숙녀 여러분!

自助餐 zìzhùcān
뷔페

会议室 huìyìshì
회의실

请品尝各国的料理。
Qǐng pǐncháng gè guó de liàolǐ.
많은 나라의 요리를 즐기세요.

开始讨论!
Kāishǐ tǎolùn!
토론을 시작하지요!

Chapter 09 准备

准备 zhǔnbèi 준비

请您推荐一下!
Qǐng nín tuījiàn yíxià!
추천 좀 해주세요!

旅行社 lǚxíngshè
여행사

地图 dìtú
지도

旅行指南 lǚxíng zhǐnán
안내서

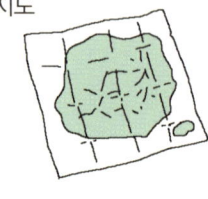 

旅行的时候要带着地图和旅行指南。
Lǚxíng de shíhou yào dàizhe dìtú hé lǚxíng zhǐnán.
여행할 때는 지도와 안내서를 가지고 가야 해요.

背包 bēibāo
배낭

雨衣 yǔyī
우비

放了太多衣服背包太沉了!
Fàngle tài duō yīfu bèibāo tài chén le!
옷을 너무 많이 집어넣었더니 배낭이 무거워!

以防万一你还是带上雨衣吧。
Yǐfáng wànyī nǐ háishi dàishang yǔyī ba.
혹시 모르니깐 우비 가져오는 것을 잊지 마렴.

飞机票 fēijīpiào
항공권

看一下座号。
Kàn yíxià zuòhào.
좌석 번호를 보여주세요.

旅客保险 lǚkè bǎoxiǎn
여행자 보험

急救药品 jíjiùyàopǐn
구급약품

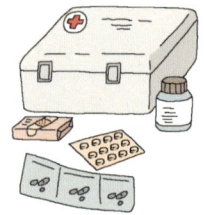

太阳镜 tàiyángjìng
선글라스

如果你的包够大的话最好能
带一些急救药品!
Rúguǒ nǐ de bāo gòu dà dehuà zuìhǎo
néng dài yìxiē jíjiù yàopǐn!
가방에 충분한 공간이 있다면 구급약품을
챙기도록 해!

去海边的时候最好带上太阳镜!
Qù hǎibiān de shíhou zuìhǎo dàishang tàiyángjìng!
해변가에 갈 땐 선글라스를 가져가는 게 좋을 거야!

旅行

水桶 shuǐtǒng
물통

水桶里还有水吗?
Shuǐtǒng li háiyǒu shuǐ ma?
물통에 물 남은 게 있니?

国际学生证 guójì xuéshēngzhèng
국제학생증

想打折扣就用国际学生证吧。
Xiǎng dǎ zhékòu jiù yòng guójì xuéshengzhèng ba.
할인을 받으려면 국제학생증을 사용하세요.

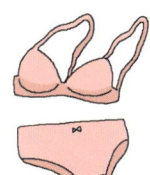

内衣 nèiyī
속옷

带来足够的内衣了吗?
Dàilai zúgòu de nèiyī le ma?
갈아입을 속옷을 충분히 가져왔니?

游泳衣 yóuyǒngyī
수영복

我要到那儿买游泳衣。
Wǒ yào dào nàr mǎi yóuyǒngyī.
그곳에 가면 새 수영복을 사야겠어요.

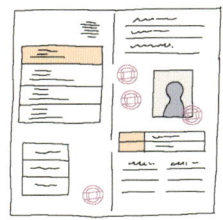

国际驾驶证 guójì jiàshǐzhèng
국제운전면허증

如果想在我国开车
必须持有国际驾驶证。
Rúguǒ xiǎng zài wǒguó kāichē
bìxū chíyǒu guójì jiàshǐzhèng.
우리나라에서 운전을 하고 싶다면
국제운전면허증을 가져오세요.

口语书 kǒuyǔ shū
회화책

你不会汉语为什么不带
一本汉语口语书?
Nǐ bú huì Hànyǔ wèi shénme bú dài
yì běn Hànyǔ kǒuyǔ shū?
중국어를 못한다면 회화책을 가져가지 그러니?

Chapter 09 旅行

□ 旅行 lǚxíng	여행(하다), (동물 따위가) 큰 무리를 지어 이동하다
	= 行旅 xínglǚ
□ 旅行团 lǚxíngtuán	여행단
□ 旅行船 lǚxíngchuán	여객선
□ 旅行指南 lǚxíng zhǐnán	여행 안내서
□ 旅行袋 lǚxíngdài	여행용 가방
□ 蜜月旅行 mìyuè lǚxíng	신혼여행
□ 旅游 lǚyóu	여행(하다), 관광(하다)
□ 观光 guānguāng	관광하다, 참관하다, 견학하다
□ 架 jià	(~儿, ~子) 물건을 놓거나 · 걸거나 · 받치는 선반, 시렁, 골조 따위, 틀, 대. 짜서 만들다. 가설하다. 받치다. 놓다. 조립하다. 지탱하다. 견디다. 막다. 부축하다. 납치하다. 싸움, 다툼, 말다툼. (양사) 받침대가 있는 물건이나 기계 장치가 되어 있는 것 따위를 세는 단위, 산의 양사. (동사) (손으로) 받치다, 받쳐 들다
□ 登记 dēngjì	등기(하다), 등록(하다)(주로 법률상의 수속 등에 쓰임), 체크인(하다), 〈전자〉(명사) 포스트(post)
□ 柜台 guìtái	카운터
	= 收款处 shōukuǎnchù, 结算处 jiésuànchù, 结账处 jiézhàngchù, 拦柜 lánguì, 账桌 zhàngzhuō
□ 护照 hùzhào	여권, (출장, 여행, 화물 운송 따위의) 증명서
	= 护票 hùpiào
□ 执照 zhízhào	허가증, 면허증, 증서
□ 签证 qiānzhèng	비자, 사증, 사증하다, 여권, 여행증명 따위에 서명하여 출입국을 허가하다, (계약서 등에) 서명하다, (어음 등에) 배서하다
□ 免税 miǎnshuì	면세하다(되다)

□ 店 diàn	여관, 여인숙, 상점, 가게	
□ 检查 jiǎnchá	검사하다, 점검하다, 조사하다, 검열하다	
□ 家人 jiārén	하인, 종, 한 집안 식구, 일가, 집안 사람	
	= 家里人 jiālirén, 家人父子 jiārén fùzǐ, 家人妇子 jiārén fùzǐ	
□ 机场 jīchǎng	공항	
	= 飞机场 fēijīchǎng, 空港 kōnggǎng	
□ 机舱 jīcāng	(배의) 기관실, (비행기의) 객실 및 화물을 적재하는 곳, 기내	
□ 舱室 cāngshì	(선박이나 비행기 등의) 객실, 선실, 기실	
□ 列车员 lièchēyuán	차장	
	= 飘务员 piàowùyuán, 售票员 shòupiàoyuán	
□ 乘客 chéngkè	승객	
	= 搭客 dākè, 车坐儿 chēzuòr	
□ 乘务员 chéngwùyuán	승무원	
□ 韩国菜 Hánguó cài	한국 음식	
□ 飞行 fēixíng	비행(하다)	
□ 员 yuán	어떤 분야에 종사하고 있는 사람, 단체의 구성원, 명(장군을 세는 데 쓰임)	
□ 飞行员 fēixíngyuán	조종사	
	= 驾驶员 jiàshǐyuán	
□ 取 qǔ	가지다, 찾다, 찾아 가지다, 받다, 얻다, 손에 넣다, 받아들이다, 고르다, 골라 뽑다, 선발하다	
□ 处 chù	곳, 장소, 처(기관, 또는 기관·단체 내의 조직 단위), 곳, 군데(장소의 수를 세는 데 쓰임)	

Chapter 09 旅行

处 chǔ	살다, 거주하다, 다른 사람과 함께 지내다, 생활하다, 사귀다, (어떤 상황에) 처하다, (마음에 생각을) 품다
约 yuē	약속하다, 초대하다, 초청하다, 부르다, 약속, 계약, 협정, 조약
时刻表 shíkèbiǎo	시각표
自动贩卖机 zìdòngfànmàijī	자동판매기
	= 自助机 zìzhùjī, 售货机 shòuhuòjī, 自动售货机 zìdòngshòuhuòjī
自动 zìdòng	(부사) 자발적으로, 주체적으로, (형용사) 인위적인 힘을 더하지 않은, 자연적인, (기계에 의한) 자동적인
贩卖 fànmài	구입하여 팔다, 팔다
机器 jīqì	기계, 기기, 기구, 기관, 조직, (북경어) (성미가) 변덕스럽다, (성격이) 괴상하다(비웃는 뜻으로 쓰임)
不习惯 bù xíguàn	습관이 되지 않다, 습관이 안 되다, 익숙하지 않다
铁路 tiělù	철도
	= 铁道 tiědào
站长 zhànzhǎng	역장
十年 shí nián	10년
次 cì	순서, 차례, 제2의, 다음의, 두 번째의, (품질이) 떨어지다
开往 kāiwǎng	(차, 배 따위가) ~로 향하여 출발하다
上海 Shànghǎi	〈지리〉상해
理解 lǐjiě	이해(하다)
	= 了解 liǎojiě, 谅解 liàngjiě, 体会 tǐhuì, 懂 dǒng, 悟解 wùjiě, 理会 lǐhuì, 领会 lǐnghuì, 知晓 zhīxiǎo, 领悟 lǐngwù, 悟会 wùhuì, 弄懂 nòngdǒng, 清楚 qīngchu

□ 第一次 dì-yī cì	제1차, 최초, 맨 처음
□ 骗子 piànzi	사기꾼
□ 坚强 jiānqiáng	(형용사) (조직이나 의지 따위가) 굳세다, 굳고 강하다, 꿋꿋하다, 완강하다, 강경하다. (동사) 공고히 하다, 견고히 하다, 강화하다
□ 友情 yǒuqíng	우정
	= 友谊 yǒuyì, 交情 jiāoqing, 情谊 qíngyì
□ 向导 xiàngdǎo	(동사) 길을 안내하다(=带路 dàilù) (명사) 길 안내자, 향도, 지도자
□ 欢迎 huānyíng	환영하다, 매우 즐겁게 영접하다, 즐겁게 받아들이다
□ 光临 guānglín	(경어) 왕림(하다)
□ 机场巴士 jīchǎng bāshì	공항 버스
□ 巴士 bāshì	버스 = 公共汽车 gōnggòng qìchē
□ 门口(儿) ménkǒu(r)	현관
	= 门廊 ménláng, 门道 méndào, 家门口 jiāménkǒu, 门洞 méndòng
□ 担夫 dānfū	짐꾼
	= 挑夫 tiāofū, 挑头 tiāotóu, 脚力 jiǎolì, 扛夫 kángfū, 扛肩儿的 kāngjiānrde, 抬夫 táifū, 脚夫 jiǎofū
□ 行李 xíngli	짐, 행장, 수화물
	= 1) 担 dàn, 担子 dànzi, 货 huò, 2) 负担 fùdān, 责任 zérèn, 担子 dànzi
□ 饭店 fàndiàn	호텔
	= 宾馆 bīnguǎn, 酒店 jiǔdiàn
□ 房间 fángjiān	방

Chapter 09 旅行

☐ 出口 chūkǒu	말을 꺼내다. (배가) 항구를 떠나다. 수출하다. 출구. 〈전자〉 출구(exit)
☐ 不敢 bùgǎn	감히 ~하지 못하다. ~할 용기가 없다. (서북 방언) ~할 리 없다
☐ 凉台 liángtái	테라스
	= 晾台 liàngtái, 平台 píngtái, 阶地 jiēdì, 平台 píngtái
☐ 套间(儿) tàojiān(r)	스위트룸
	= 套房 tàofáng
☐ 外厅 wàitīng	로비
	= 楼道 lóudào
☐ 以 yǐ	(개사) ~(으)로(써). ~을 가지고. ~을 근거로. (给~以의 형식으로) ~에게 ~을 주다
☐ 名字 míngzi	이름. 성명. 사물의 명칭
☐ 预约 yùyuē	예약(하다)
☐ 马上 mǎshang	(부사) 곧. 즉시
☐ 确认 quèrèn	확인(하다). 〈법학〉 확인
☐ 包含 bāohán	(동사) 포함하다. 참다 (명사) 포함
	= 包 bāo, 包括 bāokuò, 含蓄 hánxù, 包藏 bāocáng, 包孕 bāoyùn, 涵盖 hángài, 在内 zàinèi
☐ 早餐 zǎocān	아침 식사
☐ 宴会 yànhuì	연회
☐ 厅 tīng	큰 방. 홀. 청(중앙 행정 기관의 부서 단위). 청(성(省 shěng)에 속한 기관)
☐ 部 bù	부분. 부. 어떤 기관의 명칭 또는 기관이나 기업의 업무에 따라 나누어진 단위. 군대 따위의 명령 기관 또는 그 소재지

□ 局 jú	국, '部 bù'보다 작고 '处 chù'보다 큰 기관, 조직 등의 업무 단위의 하나, (명사) 바둑(장기)판, (양사) 국, 바둑, 장기, 경기 등의 승부의 한판, (명사) 형세, 형편, 정세, 속임수, 구속하다
□ 各位 gè wèi	여러분
□ 女士 nǔshì	학식 있는 여자, 숙녀, (경어) 부인, 여사
□ 会议 huìyì	회의
□ 讨论 tǎolùn	토론(하다)
□ 品尝 pǐncháng	시식하다, 맛보다, 자세히 식별하다
□ 各国 gè guó	각 나라, 각국
□ 料理 liàolǐ	요리(=菜 cài, 餐 cān) 요리하다(=烹饪 pēngrèn, 炒菜 chǎocài) 처리하다, 정리하다, 돌보다(=调理 tiáolǐ)
□ 社 shè	조직체, 단체, 조합, 지신(地神 dìshén), 지신제 의례, 지신제 장소, 지신 제삿날, (약칭) '人民公社 rénmíngōngshè'(인민공사) 혹은 '合作社 hézuòshè'의 준말
□ 指南 zhǐnán	지침, 지침서, 입문서, 지도하다
□ 准备 zhǔnbèi	준비
	= 预备 yùbèi, 安排 ānpái, 筹备 chóubèi
□ 游览指南 yóulǎn zhǐnán	유람 안내서
	= 旅行指南 lǔxíng zhǐnán, 游览指导 yóulǎn zhǐdǎo, 导游小册 dǎoyóu xiǎocè
□ 说明书 shuōmíngshū	안내서
□ 用户手册 yònghù shǒucè	사용자 안내서
□ 背包 bèibāo	배낭
	= 背囊 bèináng

Chapter 09 旅行

□ 背 bēi	업다, (등에) 짊어지다, (책임을) 지다, (죄를) 뒤집어 쓰다, 짐
□ 背 bèi	〈생리〉 등, (~儿, ~子) 물체의 뒤(뒷면), 안쪽, 등 부분, 등지다, 반대방향으로 향하다, 떠나다, 피하다, 숨다, 속이다, 숨기다, 어기다, 배반하다, 위반하다, 암송하다, 외다, 암기하다, (말 따위에) 안장을 얹다, 운이 나쁘다, 순조롭지 않다, 형편이 나쁘다, 귀가 어둡다
□ 沉 chén	(물 속에) 가라앉다, 잠기다, 빠지다, 떨어지다, (해, 달 따위가) 지다, (푹) 꺼지다, 함몰하다, (주로 추상적인 것을) 누르다(억제하다), 진정하다
□ 以防万一 yǐfáng wànyī	만일에 대비하다, 만약에 대비하다
□ 座号 zuòhào	좌석번호
	= 坐号 zuòhào
□ 旅客 lǚkè	여행자, 여객
□ 保险 bǎoxiǎn	(명사) 보험, (형용사) 안전하다, (사고가 날) 위험이 없다, (동사) 보증하다, 틀림없다고 확언하다
□ 急救 jíjiù	응급조처(를 취하다), 응급치료(를 하다), 구급(하다)
□ 药品 yàopǐn	약품
□ 如果 rúguǒ	만일, 만약
	= 假如 jiǎrú, 假使 jiǎshǐ, 倘若 tǎngruò
□ 最好 zuìhǎo	(형용사) 가장 좋다, 제일 좋다, (부사) (가장) 바람직한 것은, (제일) 좋기는
□ 太阳镜 tàiyángjìng	선글라스
	= 墨镜 mòjìng, 黑眼镜 hēiyǎnjìng
□ 眼镜(儿) yǎnjìng(r)	안경
□ 海边(儿) hǎibiān(r)	해변, 해안, 바닷가

水桶 shuǐtǒng	물통
	= 水槽 shuǐcáo
桶 tǒng	(명사) (물건을 담는 원형의) 통, 초롱, (양사) 통
学生证 xuéshēngzhèng	학생증
打折扣 dǎ zhékòu	할인하다, 에누리하다, (비유) (계약이나 약속 따위를)다 이행하지 못하다, 에누리해서 하다, 융통성을 발휘하다
游泳衣 yóuyǒngyī	수영복
	= 泳服 yǒngfú, 泳衣 yǒngyī
我国 wǒ guó	우리나라
持有 chíyǒu	소지하다, 가지고 있다
口语 kǒuyǔ	구어
汉语 Hànyǔ	한어, 중국어
一本 yì běn	(수량사) (책) 한 권, (명사) 고서의 다른 판본, (수량사) (초목 등의) 한 그루

중국의 예절

식당에서 손님에게 식사 대접 시, 손님은 약 5분에서 10분 정도 늦게 도착해야 합니다. 조금 늦게 도착한다는 것은 주인을 배려하는 마음이 있기 때문이라고 여겨집니다.

정식연회에서 한 번에 그릇에 한 가지만 덜어서 먹고 여러 가지를 혼합하여 맛보지 않습니다. 요리는 공기에 덜어서 먹으며 뼈와 껍질 등은 접시에 놓아 자주 새 것으로 바꿔 사용해야 합니다.

탕 외의 모든 음식은 모두 젓가락을 사용합니다. 때문에 젓가락으로 가지고 놀거나 젓가락으로 사람을 지적하거나 하는 행위는 매우 실례되는 행동입니다. 또한 절대로 젓가락을 밥그릇에 꽂거나 하지 말아야 합니다. 이것은 마치 제사 지낼 때의 향초와도 같아서 매우 불길하다고 여겨집니다.

Chapter 09

차는 차주전가 가까이 놓인 사람이 책임지고 따르거나 하는데 연장자부터 또한 여성부터 따라 줍니다. 또한 80%만 따릅니다. 받는 사람은 감사와 경의의 표시로 손가락으로 가볍게 상위를 두드립니다. 차는 왼손으로 찻잔을 들어 오른손으로 뚜껑을 눌러 잡고 열린 틈새로 마시거나 다른 찻잔에 따라 마십니다.

생선을 먹을 때는 한쪽 면을 다 먹고 젓가락으로 뒤집지 않습니다. 이것은 마치 어선이 뒤집어서 침몰되는 것처럼 여겨집니다.

중국인들은 절대로 7가지 요리를 내놓지 않습니다. 그것은 제사후의 음복자리에서 7가지 요리를 내야 하는 것과 같기 때문입니다. 식사 후에는 '我吃完饭了 wǒ chīwán fàn le'(저 다 먹었습니다.)라고 말하지 않습니다. 이것은 마치 자기가 이미 죽어서 다시 밥을 먹을 기회가 없을 것 같이 느껴지기 때문입니다. 마땅히 '我吃饱了 wǒ chībǎo le'(저 배부릅니다.)라고 말해야 합니다.

중국의 예절

정식 또는 전통적인 만찬에서는 손님들은 상위의 요리를 다 먹지 않습니다. 이것은 주인이 요리를 충분히 준비하지 못하여 난처해지지 않도록 하기 배려하기 위해서 입니다.

밥을 먹을 때는 고개를 숙이고 밥공기를 들고 젓가락으로 입안으로 밀어 넣듯이 먹습니다. 이것은 이 식사를 즐겨 먹는다는 것을 표시하며 만약 들지 않고 먹는다면 그것은 이번 식사에 대해 별로 만족해지지 않는다는 표시입니다.

술은 상대방을 존중하고 우정의 표시로 넘칠 정도로 가득 따라주며 주인은 손님들을 취하게 하는 것이 예의입니다. 만약에 술을 마실 생각이 없다면 사전에 미리 양해를 구해야 합니다. 그래야 난처한 상황을 피할 수 있습니다. 지방풍습에서는 술을 받았을 때는 식지로 가볍게 상을 두드려 감사를 표시하기도 합니다.

Chapter 09

중식에서 건배할 때는 술잔을 들고 일어서서
오른손으로 술잔을 쥐고 왼손으로는 술잔을 받들며
웃으면서 상대방을 쳐다보며 축하 인사를 합니다.
술잔을 눈의 위치만큼 들며 단숨에 다 마셔버리든지
적당히 마십니다. 마신 후에는 다시 상대방과
시선을 마주쳐야 합니다. 건배 시에는 자신의 술잔이
상대방의 술잔보다 낮게 부딪혀 상대방에 대한
존중을 나타냅니다.

건배할 때 상대방이 먼 좌석에 있을 경우
술잔의 잔 밑 부분을 상위에 가볍게 부딪히며
상대방과 술잔을 마주쳤다는 뜻을 표합니다.

만약 주인이 자신에게 술을 권했다면 건배 후
다시 회답으로 술을 권해야 합니다. 중국에서는
한국과 달리 술자리에서 자신이 마시던 잔을
절대로 돌리지 않습니다. 청결하지 못하다고
생각합니다. 또한 상대방의 술잔에 술이
남아 있어도 계속 첨잔을 해주는 것이 예의입니다.
술을 마실 때는 혼자 마신 뒤 내려놓지 말고
상대방에게 먼저 권하고 마셔야 합니다.

중국의 예절

중국인은 예로부터 식(食shi)을 우선시 하였으며 식탁 앞에서 기쁨과 슬픔을 나누는 것을 매우 중요시합니다. 먹고 마시는 분위기 속에서 법적거리며 정을 나누는 것을 좋아해서 많은 사람들이 함께 둘러앉아 먹고 마시며 웃고 이야기하면서 즐겁고 따뜻한 식사 분위기를 만듭니다.

중국인들은 힘이 들면 모두가 같이 일정한 장소에 웅크려 앉아 있기를 좋아합니다. 중국 남자들이 웃통을 벗고 다니는 모습은 북경에서 여름에 종종 볼 수 있습니다. 다른 사람에게 피해를 주지 않고 대중교통 안에서만 벗지 않으면 괜찮다고 생각합니다.

식사 초대를 받았을 때의 선물은 짝수로 준비합니다. 그러나 벽시계, 탁상시계, 우산, 외국화폐, 기념주화는 삼가야 합니다. 괘종시계의 钟(zhōng)종 발음이 마지막이라는 终(zhōng)종과 같아 기피합니다. 죽음을 뜻하기 때문입니다.

Chapter 09

8(bā)은 돈을 많이 번다는 뜻의 发财(fācái)의 발음과 유사하다고 해서 매우 좋아하며 9(jiǔ)는 영원하다는 永久(yǒngjiǔ)의 久와 발음이 같다고 해서 매우 좋아합니다. 4(sì)는 죽음이라는 死(sǐ)자와 발음이 같다고 해서 기피합니다.

결혼식 등에서 축의금을 줄 때는 빨간 봉투에 줍니다. 빨간색은 악을 물리치고 풍요와 복을 불러들이는 색을 상징하고, 황색은 황제를 상징하는 색상으로 적색과 황색을 매우 좋아합니다. 백색은 죽음을 나타내는 색으로 조의금을 줄 때는 흰색봉투에 줍니다.

용은 전설상의 동물로 신성시하며 왕과 황제를 상징하고, 호랑이는 힘과 용맹을 상징하므로 매우 좋아하며, 거북은 지조 없는 동물을 상징하여 욕설의 대명사로 사용하며, 여우는 교활함을 상징합니다.

Chapter 10

学校
课程

学校
xuéxiào
학교

Chapter 10 学校

学校 xuéxiào 학교

小学校 xiǎoxuéxiào
초등학교

初(级)中(学) chū(jí)zhōng(xué)
중학교

高(级)中(学) gāo(jí)zhōng(xué)
고등학교

大学 dàxué
대학교

安静!
Ānjìng!
조용히 하세요!

你看那儿! 校长!
Nǐ kàn nàr! Xiàozhǎng!
저기 봐! 교장선생님이다!

黑板 hēibǎn
칠판

请看黑板!
Qǐng kàn hēibǎn!
칠판을 보세요!

教室 jiàoshì
교실

还有其他样子的校服吗?
Háiyǒu qítā yàngzi de xiàofú ma?
또 다른 교복 있나요?

校服 xiàofú
교복

能回答我的问题吗?
Néng huídá wǒ de tíwèn ma?
내 질문에 대답할 수 있겠나?

Chapter 10 学校

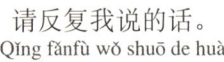

语言教室 yǔyán jiàoshì
어학실

教务室 jiàowùshì
교무실

校长室 xiàozhǎngshì
교장실

校医室 xiàoyīshì
양호실

咨询处 zīxúnchù
상담실

学校 小卖部 xuéxiào xiǎomàibù
학교 매점

 学校

校旗 xiàoqí
교기

看到校旗的时候我为我们的学校而自豪!
Kàndào xiàoqí de shíhou wǒ wèi wǒmen de xuéxiào ér zìháo!
교기를 보면 나의 학교가 자랑스러워!

大讲堂 dàjiǎngtáng
강당

我们每周一聚在大讲堂里。
Wǒmen měi zhōu yī jùzài dàjiǎngtáng li.
우리는 월요일마다 강당으로 모입니다.

保管箱 bǎoguǎnxiāng
사물함

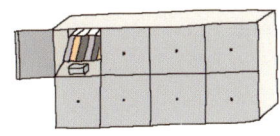

我的箱子满了!
Wǒ de xiāngzi mǎn le!
내 사물함은 꽉 찼어!

成绩证明 chéngjì zhèngmíng
성적증명서

我期待你更好的成绩!
Wǒ qīdài nǐ gèng hǎo de chéngjì!
더 좋은 성적을 기대해!

毕业证书 bìyè zhèngshū
졸업장

我很高兴能为你颁发毕业证书!
Wǒ hěn gāoxìng néng wèi nǐ bānfā bìyè zhèngshū!
자네에게 졸업장을 수여하게 돼서 기쁘다네!

学费 xuéfèi
학비

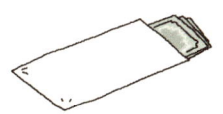

交学费了吗?
Jiāo xuéfèi le ma?
학비 냈니?

Chapter 10 课程

课程 kèchéng 과목

韩国语 Hánguóyǔ
한국어

英文 Yīngwén
영어

德文 Déwén
독일어

法语 Fǎyǔ
불어

西班牙语 Xībānyáyǔ
스페인어

日语 Rìyǔ
일본어

汉语 Hànyǔ
중국어

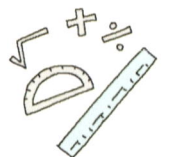
数学 shùxué
수학

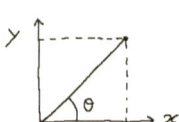
代数学 dàishùxué
대수학

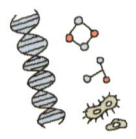
生物学 shēngwùxué
생물학

物理学 wùlǐxué
물리학

化学 huàxué
화학

历史 lìshǐ
역사

地理学 dìlǐxué
지리학

体育 tǐyù
체육

 学校

社会学 shèhuìxué
사회학

政治学 zhèngzhìxué
정치학

几何学 jǐhéxué
기하학

终于高中毕业了!
Zhōngyú gāozhōng bìyè le!
마침내 고등학교를 졸업했어요.

复习考试了吗?
Fùxí kǎoshì le ma?
시험 공부 했니?

嗯, 但有点儿担心!
Èng, dàn yǒudiǎnr dānxīn!
그럼, 하지만 좀 걱정이 돼!

大学一年级 dàxué yī niánjí
대학 1학년

大学二年级 dàxué èr niánjí
대학 2학년

大学三年级 dàxué sān niánjí
대학 3학년

毕业后做什么好呢?
Bìyè hòu zuò shénme hǎo ne?
졸업한 뒤 무엇을 해야 할까?

我一定要成为一名成功的人!
Wǒ yídìng yào chéngwéi yì míng chénggōng de rén!
난 성공한 사람이 될 거야!

大学四年级 dàxué sì niánjí
대학 4학년

研究生 yánjiūshēng
대학원생

Chapter 10 学校

- **农业中学** nóngyè zhōngxué — 농업중학
- **女中** nǚzhōng — 여자 중학교
- **附(属)中(学)** fù(shǔ)zhōng(xué) — 부속중학교
- **高(等学)校** gāo(děngxué)xiào — (전문학교나 대학 등의) 고등 교육 기관의 통칭
- **职业高中** zhíyègāozhōng — 실업계 고등학교, 직업 기술 교육 고등학교

  (약칭) **职高** zhígāo, **职中** zhízhōng, **职业中学** zhíyè zhōngxué

- **大学** dàxué — 대학

  = **大学院校** dàxuéyuànxiào

- **教室** jiàoshì — 교실

  = **堂上** tángshàng, **课堂** kètáng, (홍콩 방언) **班房** bānfáng

- **黑板** hēibǎn — 칠판

  = **粉板** fěnbǎn

- **黑板报** hēibǎnbào — 칠판에 내는 벽보(신문)(칠판에 간단하게 요약된 내용을 적어서 벽신문을 대신하는 것으로 공장, 학교, 기관, 단체 등에서 내부 사정을 보도하거나 마을에서 정책을 선전하는 데 이용됨)

- **板擦儿** bǎncār — 칠판 지우개

  = **黑板擦子** hēibǎncāzi, **粉刷** fěnshuā

- **校长** xiàozhǎng — (교장, 학장, 총장 등의) 학교장
- **安静** ānjìng — 조용하다, 고요하다, 안정하다, 평온하다, 편안하다
- **校服** xiàofú — 교복

  = **校衣** xiàoyī

☐ 其他 qítā	기타, 그 외
	= 其它 qítā
☐ 样子 yàngzi	모양, 꼴, 형태, 태도, 표정, 안색, 견본, 표본
☐ 操场 cāochǎng	운동장
	= 运动场 yùndòngchǎng, 体育场 tǐyùchǎng, 操场 cāochǎng
☐ 体育馆 tǐyùguǎn	체육관
	= 健身房 jiànshēnfáng
☐ 剪刀 jiǎndāo	가위
	= 剪子 jiǎnzi
☐ 橡皮 xiàngpí	지우개
	= 擦子 cāzi, 橡皮擦 xiàngpícā
☐ 尺 chǐ	자
	= 尺子 chǐzi, 矩尺 jǔchǐ
☐ 本子 běnzi	공책
	= 本儿 běnr
☐ 教科书 jiàokēshū	교과서
	= 教本 jiàoběn, 课本儿 kèběnr
☐ 年级 niánjí	학년
☐ 五年级 wǔ niánjí	5학년
☐ 语言 yǔyán	언어
☐ 教室 jiàoshì	교실
	= 课堂 kètáng, 课室 kèshì

Chapter 10 学校

- **反复** fǎnfù — 반복하다, 되풀이하다, 변덕스럽다, 이랬다 저랬다 하다, (병이) 도지다, 재발하다
- **校医室** xiàoyīshì — 양호실
  = **养护室** yǎnghùshì, **卫生室** wèishēngshì
- **打针** dǎzhēn — 주사를 놓다
  = **注射** zhùshè, **扎针** zhāzhēn
- **好起来** hǎo qǐlai — 나아지다
- **商谈** shāngtán — 상담
  = **商议** shāngyì, **洽谈** qiàtán, **商量** shāngliáng, **相商** xiāngshāng, **商询** shāngxún, **咨询** zīxùn, **计较** jìjiào
- **失望** shīwàng — 희망을 잃다, 실망하다, (희망이 이루어지지 않아) 낙담하다
- **小卖部** xiǎomàibù — 매점
  (방언) **排挡** páidàng, **小铺** xiǎopù
- **而** ér — (접속사) 같은 종류의 단어 또는 문장을 연결함(단 명사는 접속할 수 없음). ~(하)고(도)(순접을 나타냄). 긍정과 부정으로 서로 보충하는 성분을 연결함. ~지만, ~나, ~면서, 그러나(역접을 나타냄). 목적 또는 원인을 나타내는 부분을 연결함. (~로부터) ~까지, 시간 또는 상태를 나타내는 말을 동사에 연결함. 이 경우 '而'은 대부분 접미사화 함
- **自豪** zìháo — 스스로 긍지를 느끼다, 자랑으로 여기다
- **自负** zìfù — 자기(자체, 스스로)가 책임지다(부담하다, 짊어지다, 떠맡다), 자부하다, 스스로를 대단하게 여기다
- **每周一** měi zhōu yī — 매주 월요일
- **聚** jù — 모이다, 모으다, 집합하다 〈화학〉 폴리
- **箱子** xiāngzi — 상자, 궤짝, 트렁크

箱子 xiāngzi	상자
	= 箱 xiāng, 箱匣 xiāngxiá, 格子 gézi, 合子 hézi, 盒子 hézi
满 mǎn	(형용사) 가득하다, 가득 차있다, (동사) 꽉 채우다(메우다), 가득하게 하다, (동사) (정한 기한이) 다 차다, 일정한 한도에 이르다
成绩 chéngjì	성적, 성과, 기록
证明 zhèngmíng	증명(하다), 증명서, 증서, 소개장
期待 qīdài	기대(하다)
	= 期盼 qīpàn, 期切 qīqiè
期待 qīdài	기대
	= 想望 xiǎngwàng, 期望 qīwàng, 指望 zhǐwàng, 有待 yǒudài, 靠赖 kàolài
更好 gènghǎo	더욱 더 잘, 더 좋은, 더욱 훌륭하다, 한층 높여
证 zhèng	증명서
	= 证明 zhèngmíng, 证书 zhèngshū, 证明书 zhèngmíngshū, 凭证 píngzhèng, 证件(儿) zhèngjian(r), 护照 hùzhào
毕业证书 bìyè zhèngshū	졸업장
	= 毕业文凭 bìyèwénpíng, 文凭 wénpíng
颁发 bānfā	수여하다
	= 颁给 bāngěi, 封赠 fēngzèng, 授予 shòuyǔ, 授给 shòugěi
交 jiāo	맡기다, 넘기다, 건네다, 내다, 제출하다, 바치다, 주다
	= 付 fù, 给 gěi, 缴 jiǎo, 授 shòu

Chapter 10　学校

☐ 课程 kèchéng	과목	
	= 课 kè, 课目 kèmù, 科 kē, 科目 kēmù, 门 mén	
☐ 韩国语 Hánguóyǔ	한국어	
	= 韩文 hánwén, 韩语 hányǔ	
☐ 英文 Yīngwén	영어	
	= 英语 yīngyǔ	
☐ 德文 Déwén	독일어	
	= 德语 déyǔ	
☐ 西班牙语 Xībānyáyǔ	스페인어	
	= 西语 xīyǔ	
☐ 日语 Rìyǔ	일본어	
	= 日本话 rìběnhuà, 日文 rìwén	
☐ 汉语 Hànyǔ	중국어	
	= 中文 zhōngwén, 华文 huáwén, 华语 huáyǔ, 中国话 zhōngguóhuà	
☐ 一年级 yī niánjí	1학년	
☐ 毕业 bìyè	졸업(하다)	
☐ 二年级 èr niánjí	2학년	
☐ 复习 fùxí	복습하다 = 温习 wēnxí	
☐ 考试 kǎoshì	시험(을 하다), 고사(를 하다)	
☐ 三年级 sān niánjí	3학년	
☐ 嗯 èng	응! (대답, 승낙을 나타냄)	
☐ 嗯 éng	응? (의문을 나타냄)	

274

☐ 嗯 ěng	엉! 흥! (의외, 불만 등을 나타냄)
☐ 但是 dànshì	(접속사) 그러나, 그렇지만 (왕왕 앞에 '虽然' '尽管' 등이 옴). 단지 ~이라면, 무릇 ~이라면
☐ 不过 búguò	(부사) ~에 지나지 않다, ~에 불과하다 (접속사) 그런데, 그러나('但是 dànshì'보다 어기가 약함)
☐ 可是 kěshì	(접속사) 그러나, 하지만, 그렇지만(종종 앞에 '虽然 suīrán'과 같은 양보를 나타내는 접속사와 호응하여 쓰임), 그런데(화제를 바꿀 때 쓰임), ~이기는 하나
☐ 然而 ránér	그렇지만, 그런데, 그러나
☐ 只是 zhǐshì	(부사) 다만, 오직, 오로지(=不过是 búguòshì) (접속사) 그러나, 그런데(=但是 dànshì)
☐ 有点儿 yǒudiǎnr	좀 ~하다, 약간 ~하다, 좀 있다
☐ 四年级 sì niánjí	4학년
☐ 研究所 yánjiūsuǒ	대학원
	= 研究生院 yánjiūshēngyuàn
☐ 成功 chénggōng	성공(하다), 완성(하다), 성공적이다

Chapter 11

身体活动
疾病与症状
疾病与症状，人体
准备

健康 & 身体
jiànkāng & shēntǐ
건강&신체

11

Chapter 11 身体活动

身体活动 shēntǐ huódòng 신체활동

怎么啦, 上气不接下气的。
Zěnme la, shàngqì bù jiē xiàqì de.
숨을 헐떡이고 있잖아, 무슨 일이야?

很好吃啊!
Hěn hǎochī a!
맛있는데!

少打哈欠。
Shǎo dǎ hāqian.
하품 좀 그만 하세요.

真得吞下这个吗?
Zhēn děi tūnxià zhège ma?
정말로 이걸 삼켜야만 하나요?

他落榜了只叹气。
Tā luòbǎngle zhǐ tànqì.
그는 시험에 떨어져서 한숨만 짓습니다.

不要往我脸上打喷嚏。
Bú yào wǎng wǒ liǎn shàng dǎ pēntì.
내 얼굴에 재채기하지 말아요.

健康 & 身体

不好意思, 我刚才打嗝儿了。
Bù hǎo yìsi, wǒ gāngcái dǎgér le.
실례합니다. 방금 트림을 했어요.

消化不太好!
Xiāohuà bú tài hǎo!
소화가 잘 안 돼요!

他一把鼻子一把泪, 哪儿疼吗?
Tā yì bǎ bízi yì bǎ lèi, nǎr téng ma?
그는 눈물, 콧물 다 흘려요. 어디 아픈가요?

打嗝儿了一个钟头, 还是去医院看看的好!
Dǎgérle yí ge zhōngtóu, háishi qù yīyuàn kànkan de hǎo!
딸꾹질을 한 시간 동안 하고 있어! 병원에 가보는 게 좋을 것 같아!

真不敢相信是你放的屁!
Zhēn bù gǎn xiāngxìn shì nǐ fàng de pì!
너가 방귀를 뀌었다는 것을 믿을 수가 없어!

我出汗出得多!
Wǒ chū hàn chū de duō!
전 땀을 많이 흘립니다!

Chapter 11 疾病与症状

疾病与症状 jíbìng yǔ zhèngzhuàng 질병과 증상

角膜炎 jiǎomóyán
각막염

蛀齿 zhùchǐ
충치

气管炎 qìguǎnyán
기관지염

痰 tán
가래

关节炎 guānjiéyán
관절염

肌肉痛 jīròutòng
근육통

泻肚(子) xièdù(zi)
설사

便秘 biànmì
변비

流行性感冒 liúxíngxìng gǎnmào
유행성감기

荨麻疹 xúnmázhěn
두드러기

呕吐 ǒutù
구토

健康 & 身体

火伤 huǒshāng
화상

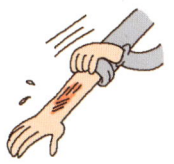
发痒症 fāyǎngzhèng
가려움증

水痘(儿) shuǐdòu(r)
수두

脚气 jiǎoqì
무좀

骨折 gǔzhé
골절

神经病 shénjīngbìng
노이로제, 정신질환

伤疤 shāngbā
흉터

脑中风 nǎozhòngfēng
뇌졸증

不小心!
Bù xiǎoxīn!
조심성이 없었군요!

性病 xìngbìng
성병

Chapter 11 疾病与症状，人体

热 rè
열

发烧。
Fāshāo.
열이 있어요.

头晕。
Tóu yūn.
어지러워요.

头痛。
Tóu tòng.
두통이 있어요.

牙痛得很厉害。
Yá tòng de hěn lìhai.
치통이 심해요.

肚(子)痛 dù(zi)tòng
복통

胃肠疼。
Wèicháng téng.
위가 아파요.

咽喉痛 yānhóutòng
인후염

嗓子痛。
Sǎngzi tòng.
목이 아파요.

腿折了。
Tuǐ shé le.
다리가 부러졌어요.

扭了脚脖。
Niǔle jiǎobó.
발목을 삐었어요.

过敏。
Guòmǐn.
알러지가 있어요.

더 알아두기!!!

失眠症 shīmiánzhèng 불면증
恶寒 wùhán(/èhán) 오한
肥胖症 féipàngzhèng 비만증

粉刺 fěncì 여드름
湿疹 shīzhěn 습진
拒食症 jùshízhèng 거식증

健康 & 身体

人体 réntǐ 인체

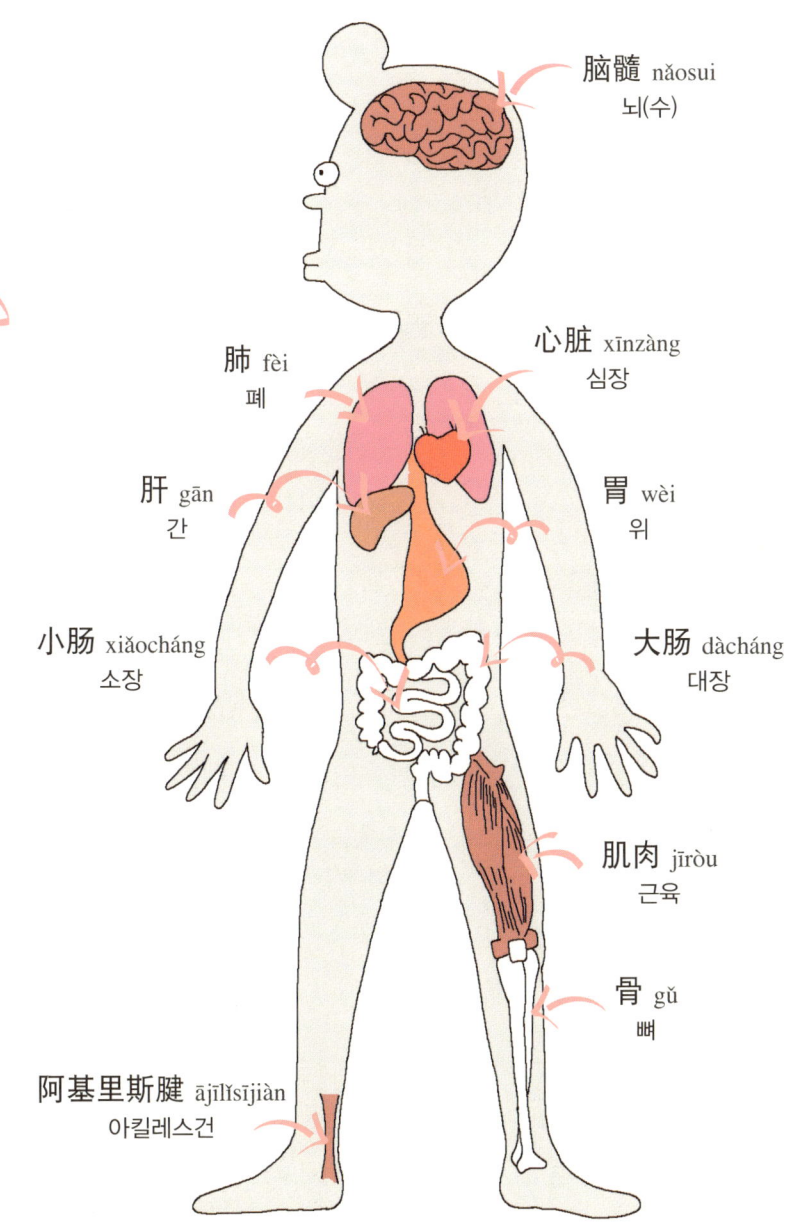

脑髓 nǎosuǐ 뇌(수)

肺 fèi 폐

心脏 xīnzàng 심장

肝 gān 간

胃 wèi 위

小肠 xiǎocháng 소장

大肠 dàcháng 대장

肌肉 jīròu 근육

骨 gǔ 뼈

阿基里斯腱 ājīlǐsījiàn 아킬레스건

Chapter 11 准备

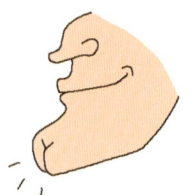
下巴 xiàba
턱

双眼皮(儿) shuāngyǎnpí(r)
쌍꺼풀

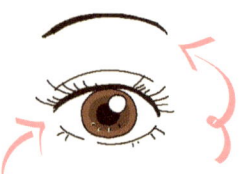
眼睛 yǎnjing
눈

眉毛 méimao
눈썹

鼻子 bízi
코

嘴唇 zuǐchún
입술

嘴 zuǐ
입

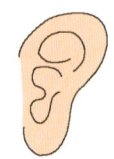
耳朵 ěrduo
귀

牙齿 yáchǐ
치아

舌头 shétou
혀

脸颊 liǎnjiá
볼

头发 tóufa
머리카락

头 tóu
머리

小舌儿 xiǎoshér
목젖

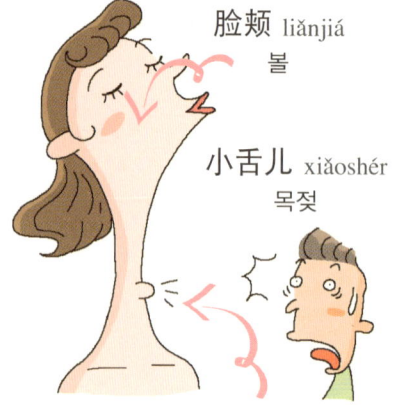

健康 & 身体

胸 xiōng
가슴

肩膀 jiānbǎng
어깨

腰 yāo
허리

胳膊 gēbo
팔

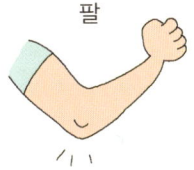
肘 zhǒu
팔꿈치

大腿根 dàtuǐgēn
허벅다리

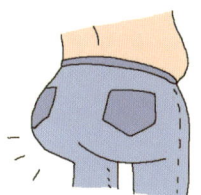
臀部 túnbù
엉덩이

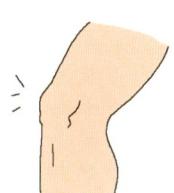
膝盖 xīgài
무릎

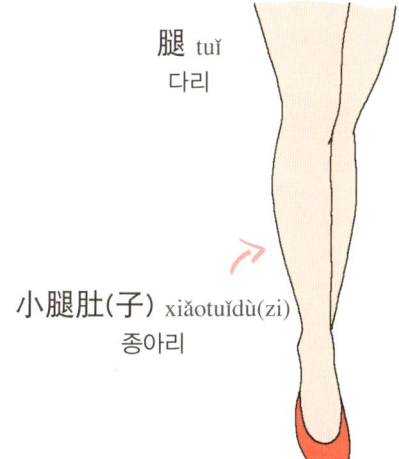
腿 tuǐ
다리

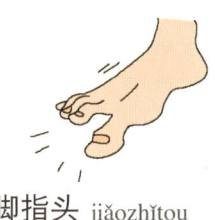
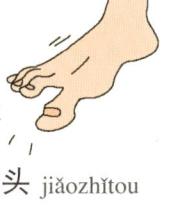
脚指头 jiǎozhǐtou
발가락

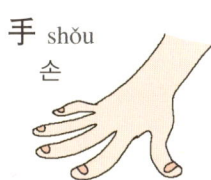
手 shǒu
손

手指 shǒuzhǐ
손가락

小腿肚(子) xiǎotuǐdù(zi)
종아리

脚(儿) jiǎo(r)
발

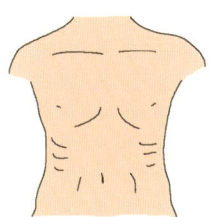
肚 dù
배

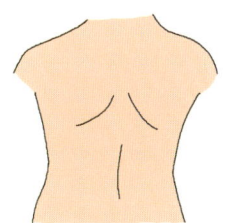
背 bèi
등

285

Chapter 11 健康 & 身体

□ 抽气 chōuqì	숨을 헐떡이다, 숨이 차다
	倒气儿 dáoqìr, 发喘 fāchuǎn
□ 叹气 tànqì	한숨 쉬다 = 叹息 tànxī, 长气 chángqì
□ 活动 huódòng	운동하다, (몸을) 움직이다, 놀리다, (어떤 목적을 위해) 활동하다(행동하다), 활약하다, 활동하다
□ 上气不接下气 shàngqì bù jiē xiàqì	숨이 차다
□ 打喷嚏 dǎ pēntì	재채기를 하다
	= 打嚏喷 dǎ tìpen, 打嚏发 dǎ tìfā
□ 打嗝儿 dǎgér	딸꾹질 = 呃逆 ènì
□ 打呃 dǎ'è	트림하다 = 嗳气 ǎiqì
□ 少 shǎo	(형용사) 적다, 부족하다, 모자라다, 결핍되다, 빠지다, 없어지다, 잃어버리다, (동사) 잃다, 없어지다, 분실되다
□ 少 shào	(형용사) 젊다, 어리다, (명사) 젊은이, 젊은 시절, 도령, 도련님
□ 哈欠 hāqian	하품 = 哈闪 hāshǎn, 哈息 hāxi
□ 吞下 tūnxià	삼키다
□ 落榜 luòbǎng	시험에 떨어지다, 낙방하다 = 落第 luòdì
□ 脸 liǎn	(~儿, ~子) 얼굴(=面 miàn), 물체의 앞부분, 정면, 체면, 면목
□ 不好意思 bù hǎo yìsi	부끄럽다, 쑥스럽다, 창피스럽다, 계면쩍다
□ 消化 xiāohuà	소화(하다)
	(방언) 克化 kèhuà 배운 지식을 소화하다
□ 一把鼻子一把泪 yì bǎ bízi yì bǎ lèi	콧물 눈물 다 흘리다
□ 一个钟头 yí ge zhōngtóu	한 시간 = 一(个)小时 yí (ge) xiǎoshí

□	医院 yīyuàn	의원, 병원(진료, 치료, 간호 예방 등의 의료를 담당하는 곳을 통칭하여 '医院'라고 하며 어떤 특정한 질병을 전문적으로 담당하는 곳을 病院 bìngyuàn이라 함)
□	放屁 fàngpì	방귀를 뀌다. (욕설) 근거가 없거나 불합리한 말을 하다, 헛소리하다, 허튼소리하다, 엉터리
□	出汗 chūhàn	땀이 나다 = 冒汗 màohàn
□	出 chū	(안에서 밖으로) 나가다(나오다), 출석하다, 참가하다
□	疾病 jíbìng	질병, 병
□	症状 zhèngzhuàng	(병의) 증상, 증세
□	角膜 jiǎomó	각막
□	炎 yán	(명사) 화염, 불꽃, 너울거리는 불길, 염, 염증, (날씨가) 무덥다, 뜨겁다
□	龋齿 qǔchǐ	충치 = 蛀齿 zhùchǐ, (속어) 虫齿 chóngchǐ
□	气管炎 qìguǎnyán	기관지염 = 支气管炎 zhīqìguǎnyán
□	关节 guānjié	〈생리〉 관절. (전용어) 중요한 부분, 중요한 시기, 〈기계〉 금속, 목재의 이음매
□	痛 tòng	아프다, 슬퍼하다, 가슴아파하다, 애석해하다
□	泻肚(子) xièdù(zi)	설사 = 拉肚子 lādùzi, 拉稀 lāxī, 腹泻 fùxiè,
□	虽然 suīrán	설사 = 即使 jíshǐ, 尽管 jǐnguǎn, 纵使 zòngshǐ
□	便秘 biànmì	변비 = 粪结 fènjié, 大便秘结 dàbiànmìjié
□	流行性感冒 liúxíngxìng gǎnmào	유행성감기 = 流感 liúgǎn
□	荨麻疹 xúnmázhěn	두드러기 = 风疹块 fēngzhěnkuài, 疯疙瘩 fēnggēda
□	呕吐 ǒutù	구토 = 吐逆 tùnì, 作呕 zuò'ǒu, 吐 tù
□	火伤 huǒshāng	화상 = 烫疮 tàngchuāng
□	发痒 fāyǎng	가렵게 되다, 근질근질하다

Chapter 11 健康 & 身体

☐ 症 zhèng	(질병의) 증상, 증세. (섬서성의 방언) 해, 피해
☐ 水痘(儿) shuǐdòu(r)	수두 = 凹痘疔 āodòudīng
☐ 脚气 jiǎoqì	무좀 = 香港脚 xiānggǎngjiǎo, 软脚病 ruǎnjiǎobìng
☐ 不安 bù'ān	노이로제 = 急躁 jízào, 神经病 shénjīngbìng
☐ 伤疤 shāngbā	흉터
	= 伤瘢 shāngbān, 创痕 chuānghén, 疤 bā, (속어) 疤痢 bāla
☐ 中风 zhòngfēng	중풍에 걸리다. 〈의학〉 중풍
☐ 性病 xìngbìng	성병 = 花柳病 huāliǔbìng, 脏病 zāngbìng
☐ 小心 xiǎoxīn	조심성 = 谨慎 jǐnshèn
☐ 火 huǒ	불. 열 = 1) 热 rè, 2) 烧 shāo
☐ 头晕 tóuyūn	어지럽다
☐ 头痛 tóutòng	두통 = 头疼 tóuténg, 脑袋疼 nǎodaiténg
☐ 齿痛 chǐtòng	치통 = 牙痛 yátòng, 牙疼 yáténg, 牙风 yáfēng
☐ 腹痛 fùtòng	복통
☐ 厉害 lìhai	사납다. 무섭다. 대단하다. 굉장하다. 심하다. 지독하다. 지독함. 본때
☐ 胃肠疼 wèichǎng téng	위가 아파요 = 胃口疼 wèikǒu téng
☐ 咽喉 yānhóu	인후 = 喉 hóu
☐ 颈 jǐng	목
	= 1) 脖子 bózi, 脖 bó 2) 咽喉 yānhóu, 嗓门(儿) sangmen(r), 喉咙 hóulóng, 嗓子 sǎngzi
☐ 嗓子痛 sǎngzi tòng	목이 아프다 = 嗓子疼 sǎngzi téng, 闹嗓子 nào sǎngzi

- 差 chà　삐다
  = 扭筋 niǔjīn, 闪 shǎn, 扭伤 niǔshāng, 就筋(儿) jiùjīn(r), 崴 wǎi, 蟞 bié
  (방언) 戳 chuō

- 过敏 guòmǐn　알레르기
  = 过敏性反应 guòmǐnxìng fǎnyìng, 变应性 biànyìngxìng, 变态反应 biàntài fǎnyìng

- 折 shé　(가늘고 긴 물건이) 끊어지다, 꺾어지다, 부러지다, 밑지다, 손해보다

- 折 zhé　꺾다, 끊다, 부러뜨리다, 손해보다, 밑지다, 손실을 입다, 타격을 받다

- 脚脖 jiǎobó　발목 = 脚腕子 jiǎowànzi

- 失眠症 shīmiánzhèng　불면증 = 患失眠 huàn shīmián

- 粉刺 fěncì　여드름
  = 槽面疙瘩 cáomiàngēda, 痤疮 cuóchuāng, 肿疱 zhǒngpào, 面疱 miànpào

- 恶寒 wùhán(/èhán)　오한 = 发冷 fālěng, (문어) 憎寒 zēnghán

- 湿疹 shīzhěn　습진 = 皮湿 píshī

- 肥胖症 féipàngzhèng　비만증 = 胖病 pàngbìng, 肥胖病 féipàngbìng

- 拒食症 jùshízhèng　거식증 = 厌食症 yànshízhèng

- 脑 nǎo　뇌　(구어) 脑袋 nǎodai, 脑筋 nǎojīn, 脑子 nǎozi

- 肺 fèi　폐 = 肺脏 fèizàng, 肺腑 fèifǔ

- 心脏 xīnzàng　심장 = 心 xīn

- 肝脏 gānzàng　간 = 肝 gān

- 胃 wèi　위 = 胃肠 wèicháng, 胃口 wèikǒu

Chapter 11 健康 & 身体

- 肌肉 jīròu 근육 = 筋肉 jīnròu
- 骨 gǔ 뼈 = 骸 hái, 骨头 gǔtou
- 颌 hé 턱 = 下巴 xiàba, 下巴颏儿 xiàbakēr, 颏 kē
- 双眼皮(儿) shuāngyǎnpí(r) 쌍꺼풀 = 重眼皮(儿) chóngyǎnpí(r)
- 单眼皮(儿) dānyǎnpí(r) 홑으로 된 눈꺼풀
- 目 mù 눈
- 眉毛 méimao 눈썹 = 眉 méi, 眼眉 yǎnméi
- 嘴 zuǐ 입
- 嘴唇 zuǐchún 입술 = 唇 chún
- 耳朵 ěrduo 귀 = 耳 ěr
- 舌头 shétou 혀 = 舌 shé, (방언) 舌子 shézi, 舌尖 shéjiān
- 脸颊 liǎnjiá 볼 = 面颊 miànjiá, 颊 jiá, 腮 sāi
- 小舌儿 xiǎoshér 목젖
  = 悬雍垂 xuányōngchuí, 小舌头 xiǎoshétou
- 头 tóu 머리
  (구어) 脑袋 nǎodai, 首 shǒu, 脑壳 nǎoké
  (광동어) 头壳 tóuké
  (방언) 头脑壳 tóunǎokě
- 头发 tóufà 머리카락 = 发 fà, 脑毛 nǎomáo
- 胸 xiōng 가슴
- 胳膊 gēbo 팔 = 胳臂 gēbei, 臂 bì, (방언) 臂膊 bìbó
- 肩 jiān 어깨 = 肩膀 jiānbǎng, 肩胛 jiānjiǎ
- 腰 yāo 허리 = 身腰 shēnyāo, 腰身 yāoshēn
- 洗发剂 xǐfàjì 샴푸 = 洗发精 xǐfàjīng, 香波 xiāngbō

☐ 肘 zhǒu	팔꿈치
	(구어) 胳膊肘子 gēbozhǒuzi, 肘子 zhǒuzi, 臂肘 bìzhǒu, (방언) 手肘 shǒuzhǒu
☐ 臀部 túnbù	엉덩이 = 屁股 pìgu, 屁股座子 pìguzuòzi
☐ 膝盖 xīgài	무릎 = 膝 xī, 膝头 xītóu
☐ 腿 tuǐ	다리 = 足 zú, 脚 jiǎo
☐ 小腿肚(子) xiǎotuǐdù(zi)	종아리
	(방언) 脚杆(子) jiǎogān(zi), (문어) 腓 féi
☐ 脚(儿) jiǎo(r)	발
	= 脚头(儿) jiǎotóu(r), 足 zú, 爪 zhuǎ (동물한테 쓰임)
☐ 脚指头 jiǎozhǐtou	발가락 = 趾 zhǐ, 脚趾 jiǎozhǐ
☐ 手指 shǒuzhǐ	손가락 = 指头 zhǐtou, 指 zhǐ
☐ 肚 dù	배
	肚子 dùzi, 老肚 lǎodù, 肚肠(儿,子) dùcháng(r, zi), 腹 fù, 怀 huái (임신부의 배)
☐ 背 bèi	등
	= 1) 背脊 bèijǐ, 脊背 jǐbèi, 脊梁 jǐliang, 背部 bèibù, 后背 hòubèi, 背面 bèimiàn (동물의 등을 일컬음) 2) 背部 bèibù, 背 bèi
☐ 洗头 xǐtóu	머리를 감다 = 洗发 xǐfà

중국성어 알아보기

爱不释手
àibúshìshǒu

매우 아껴서(좋아서) 손을 떼지 못하다
잠시도 손에서 놓지 않다

百闻不如一见
bǎiwénbùrúyíjiàn

백 번 듣는 것이 한 번 보는 것만 못하다
백문이 불여일견, 무엇이든지 경험해야 확실히 안다

半途而废
bàntú'érfèi

(끝장을 내지 않고) 중도에서 그만두다
도중 하차하다

Chapter 11

不可救药
bùkějiùyào

구할 도리가 없다. 만회할 방법이 없다.
구제할 길이 없다

不三不四
bùsānbúsì

(인품 등이) 너절(비천)하다. 단정하지 않다.
하찮다. 볼품없다. 이도저도 아니다.
내력(정체)를 알 수 없다. 특징이 없다. 얼토당토않다

对牛弹琴
duìniútánqín

소 귀에 경 읽기.
거문고의 명수 공명의는 소 한 마리가 풀을
뜯고 있는 것을 보고 소를 위해서 거문고를
타주었지만 소는 아무런 반응 없이 풀만 뜯고
있었다 한다. 어리석은 사람에게 깊은 도리를
이야기하거나 상대방에게 어울리지 않는
말을 하는 것을 비유함

293

중국성어 알아보기

废寝忘食
fèiqǐnwàngshí

침식을 잊고 일함. 어떤 일에 전심전력하다

高枕无忧
gāozhěnwúyōu

베개를 높이 하고 걱정 없이 잘 자다
마음이 편안하고 근심걱정이 없다
지나치게 낙관하다

过河拆桥
guòhéchāiqiáo

강을 건넌 뒤 다리를 부숴버리다
목적을 이룬 뒤에는 도와준 사람의 은공을 모르다
이용할 대로 이용하고 차버리다

Chapter 11

花言巧语
huāyánqiǎoyǔ

감언이설(을 하다)
남을 속이기 위한 듣기 좋은 거짓말을 하다

价廉物美
jiàliánwùměi

값도 싸고 품질도 좋다(상점의 광고, 선전 문구)

= 物美价廉

娇生惯养
jiāoshēngguànyǎng

응석받이로 자라다

중국성어 알아보기

口若悬河
kǒuruòxuánhé

말을 물 흐르듯 잘하다. 말이 청산유수 같다

=口如悬河 kǒurúxuánhé

来日方长
láirìfāngcháng

앞길이 구만리 같다. 앞길이 희망차다. 장래의 기회가 많다

狼心狗肺
lángxīngǒufèi

마음이 이리나 개와 마찬가지로 흉악하고 잔인함. 흉악하고 잔인한 마음(을 지닌 사람)을 비유함.

Chapter 11

两全其美
liǎngquánqíměi
쌍방이 모두 좋게 하다

名不虚传
míngbùxūchuán

명실상부하다. 명성과 사실이 부합되다
명성이 헛되이 전해지지 않다
명성과 실상이 부합되어 헛소문이 아님을 가리킴.

莫名其妙
mòmíngqímiào
아무도 그 오묘함을 설명할 수 없다
영문을 모르다

중국성어 알아보기

岂有此理
qǐyǒucǐlǐ

어찌 이럴 수가 있는가
이치에 맞지 않는 이야기 또는 일에 대하여
불만을 나타내는 말임.

入境随俗
rùjìngsuísú

다른 나라에 가면 먼저 그곳의 금령을 물어본다
그 고장에 가면 그 고장의 풍속을 따라야 한다

身不由己
shēnbùyóujǐ

몸이 자기마음대로 되지 않다
어쩔 수 없이, 무의식적으로,
자기도 모르게

Chapter 11

水落石出
shuǐluòshíchū

물이 마르니 돌이 드러나다
일의 진상이 밝혀지다

无精打采
wújīngdǎcǎi

의기소침하다. 풀이 죽다. 맥이 없다.
활기가 없다. 흥이 나지 않다

= 没精打采 méijīngdǎcǎi

小题大作
xiǎotídàzuò

작은 제목으로 큰 문장을 만들다
하찮은 일을 요란스레 처리하다
사소한 일을 떠들썩하게 굴다

= 小题大做 xiǎotídàzuò

중국성어 알아보기

心直口快
xīnzhíkǒukuài

성격이 시원스럽고 솔직하여
바른 소리를 잘하다

心中有数
xīnzhōngyǒushù

일이나 문제를 잘 파악하여 처리할 자신이 있음을 가리킴
승산이 있다. 자신이 있다. 타산이 있다. 속셈이 있다

= 胸中有数 xiōngzhōngyǒushù,
　心里有数 xīnliyǒushù

袖手旁观
xiùshǒupángguān

두 손을 소매 속에 찌른 채 옆에서 보고만 있다
직접 나서서 참견하거나 도와주지 않고
그대로 내버려둠을 비유함. 수수방관

Chapter 11

一见钟情
yījiànzhōngqíng

첫눈에 반하다

= 一见生情 yījiànshēngqíng,
　一见倾心 yījiànqīngxīn

自食其果
zìshíqíguǒ

자신이 저지른 죄악의 결과를 자기가 받다. 자업자득

= 自食恶果 zìshí'èguǒ

自相矛盾
zìxiāngmáodùn

창과 방패를 파는 상인이 자기의 방패는 매우 견고하여 어떠한 창도 뚫을 수 없다고 선전하다가, 이어 또 자기의 창은 매우 날카롭고 강하여 어떠한 방패도 뚫을 수 있다고 말하였다. 이에 옆에 있던 사람이 "당신의 창으로 그 방패를 찌르면 어떻게 되오?"라고 묻자, 상인이 아무 대답도 못했다고 한다. 말이나 행동이 앞뒤가 맞지 않음을 비유함. 스스로 모순 되다. 자체모순이다

memo

memo

memo